통하는 말
통하는 글

통하는 말 통하는 글

초판 1쇄 발행 2015년 4월 1일
초판 3쇄 발행 2017년 1월 1일

지은이	김철휘
발행인	권선복
편집주간	김정웅
디자인	최새롬
마케팅	정희철
전자책	신미경
발행처	도서출판 행복에너지
출판등록	제315-2011-000035호
주소	(157-010) 서울특별시 강서구 화곡로 232
전화	0505-613-6133
팩스	0303-0799-1560
홈페이지	www.happybook.or.kr
이메일	ksbdata@daum.net

값 15,000원
ISBN 979-11-5602-092-9 13800

Copyright ⓒ 김철휘, 2015

* 이 책은 저작권법에 따라 보호받는 저작물이므로 무단전재와 무단복제를 금지하며, 이 책의 내용을 전부 또는 일부를 이용하시려면 반드시 저작권자와 〈도서출판 행복에너지〉의 서면 동의를 받아야 합니다.

도서출판 행복에너지는 독자 여러분의 아이디어와 원고 투고를 기다립니다. 책으로 만들기를 원하는 콘텐츠가 있으신 분은 이메일이나 홈페이지를 통해 간단한 기획서와 기획의도, 연락처 등을 보내주십시오. 행복에너지의 문은 언제나 활짝 열려 있습니다.

통하는 말 통하는 글

김철휘 지음

도서출판 **행복에너지**

프롤로그

2011년, 1년 동안 중앙공무원교육원 고위정책과정에 연수를 가게 되었다. 공직생활을 하면서 교육이나 연수를 받은 적이 거의 없었던 나는 연수를 받는다는 사실만으로도 상당한 기대에 부풀어 있었다. 게다가 글쓰기에서 해방된 홀가분함이 있었다.

64명의 연수생들은 한 반에서 연수를 받기 시작했다. 20년 이상 공직생활을 해온 비슷한 또래들이 모여 있다는 자체만으로도 신선한 느낌이었다. 다른 부처에서 각자가 하고 있는 일을 자연스럽게 이해할 수 있는 사람들이 모였다는 사실만으로도 그 연수는 큰 의미가 있었다.

연수받는 동료들이 돌아가면서 자신의 업무나 경험에 대해 강의하는 형식의 자체강좌라는 프로그램이 있었다. 그때 많은 동료들이 나의 특별한 이력(?)에 호기심을 가진 나머지 글 쓰는 방법에 대해 강의했으면 좋겠다는 말을 해왔다. 특별히 다른 경험에 대해 강의할 것이 마땅치 않았던 나는 결국 '연설문을 쉽고 편하게 쓰는 법'에 대해 강의하게 되었다. 이날 강의를 듣고 일부 동료들은 젊은 공직자들이 들었으면 좋겠다면서 교육원에 나의 연수원 강의를 추천했다. 그 일로 인해서 신임 사무관들과 사무관 승진자들에게 '연설문 작성법'이라는 제목으로 강의하게 되었다. 그것이 인연이 되어 연수를 마친 이후에도 계속 강의를 해오고 있다. 또한 '연설문 작성법'이라는 제목이 너무 딱딱하여 '공직자의 말과 글'로 바꾸고 내용도 공직자의 말하기와 글쓰기로 보완하였다. 공식적인 말과 글이 사적인 말과 글과는 어떻게 다른지를 알려주고 싶었다. 강의 때마다 "공직자들의 글쓰기에도 나름의 공식이 있다.", "글쓰기는 무작정 어려운 것은 아니다.", "명문을 쓰는 것보다 스트레스를 덜 받고 글을 쓰는 것이 중요하다." 등을 강조했다.

공직자를 비롯한 직장인들의 글쓰기 수준은 어느 정도가 되어야 할까? 글쓰기를 직업으로 삼고 있는 사람들처럼 달인의 수준이 되어야 할까? 교육과 훈련을 통해 그러한 수준에 이를 수는 있는 것일까? 한마디로 대답하기는 쉽지 않다. 사람마다 다르고 하는 일마다 다르기 때문이다. 굳이 답을 하자면 글쓰기의 달인이 되기도 어렵고 그렇게까지 될 필요도 없을 것 같다. 일상적인 업무로서 좀 더 쉽고 편하게 쓸 수 있으면 좋겠다.

상당수 공무원들은 축사와 같은 연설문이나 회의 등에 필요한 말씀자료(회의를 주재하는 사람이 말할 때 참고하도록 하기 위해 작성한 자료)를 작성하는 일 때문에 많은 고민을 했던 경험을 갖고 있다. 이들의 고민을 조금이라도 덜어주고 싶었다. 공적인 글쓰기의 공식을 찾고 싶다는 욕심이 이 책을 정리하게 된 하나의 동기가 되었다.

차례

프롤로그 04

I. 말과 글

1. 연설문 쓰기 20여 년 10
2. 연간 30만 건의 연설? 13
3. 말과 글 17
4. 공식적인 글 20
5. 공식적인 말 25

II. 공식적인 말을 잘하는 법

1. 공(公)과 사(私)를 구별한다 32
2. 쉬운 말이 좋은 말이다 34
3. 순한 말이 아름다운 말이다 38
4. 먼저 듣고 나중에 말한다 43
5. 적은 말로 상대를 설득한다 48
6. 일상적인 말이 멋있는 말이다 52
7. 선의의 거짓말은 없다 54
8. 칭찬은 오늘 하고 꾸중은 내일 한다 59
9. 말은 기록으로 완성된다 62

Ⅲ. 연설문이란?

1. 연설의 의미 ······ 66
2. 연설문은 역사의 기록이다 ······ 70
3. 낭독본이란? ······ 75
4. 연설을 잘하려면 ······ 78
5. 연설문 작성의 핵심 ······ 82

Ⅳ. 연설문을 편하게 쓰는 법

1. 시간을 계산한다 ······ 90
2. 주제를 정한다 ······ 96
3. 구성안을 설계한다 ······ 100
4. 구성안을 변형한다 ······ 105
5. 아름다움에 빠지지 않는다 ······ 109
6. 핵심 메시지는 단문으로 쓴다 ······ 113
7. 뜬구름은 잡지 않는다 ······ 120
8. 경험을 말한다 ······ 126
9. 현장의 분위기를 살린다 ······ 130
10. 중언부언은 금물이다 ······ 134
11. 눈높이를 맞춘다 ······ 137
12. 천하에 명문장은 없다 ······ 141
13. 인용과 조크는 절제한다 ······ 146
14. 연설의 맛을 살린다 ······ 152
15. 연설문을 쓰기 위한 자료는 어떻게 찾는가? ······ 166
16. 꼬리가 길면 밟힌다 ······ 171
17. 연설문을 도저히 쓸 수 없을 때? ······ 174

V. 인터뷰

1. 인터뷰의 의의와 유형 ······················ *178*
2. 인터뷰의 목적 ······························· *182*
3. 인터뷰를 위한 준비 ························ *185*
4. 인터뷰 자료를 준비하는 법 ··············· *188*

부록 - 조선시대 왕의 즉위교서와 대통령 취임사

1. 조선시대 왕(王)의 연설문은? ············ *194*
2. 대통령 취임사(초대~6대) ················· *224*

에필로그 ··· *266*
출간후기 ··· *268*

제1부

말과 글

1
연설문 쓰기
20여 년

　　　　　　　　1989년 6월 1일. 청와대 공보수석 비서관실 행정관으로 발령을 받으면서 본격적으로 나는 연설문을 쓰기 시작했다. 그때부터 글쓰기는 나에게 취미가 아니라 가장 중요한 업무가 되었다. 연설 담당 비서관실의 행정관, 선임행정관으로 일하면서 청와대에서 16년간 대통령 네 분의 연설문을 쓰게 되었다. 2007년 5월 8일 국무총리실로 이동해서도 연설문과의 인연은 계속되었다. 국무총리 다섯 분의 연설비서관으로 재직해왔다.

　사람들은 참으로 특이한 이력이라고 한다. 대부분 그토록 오랜 기간 대통령과 국무총리의 연설문을 썼다는 것에 대해 의아해하는 경우가 많다. 힘든 글쓰기를 수십 년간 어떻게 해왔느냐고 묻는다. 내가 글쓰기에 특별한 재주가 있는 사람으로 생각하는 사람들도 있다. 하지만 나는 특별한 재주를 타고난 사람도 아니고 연설의 달인도 아니다. 물론 연설문 쓰기가 힘든 일임은 사실이다.

　우리나라 공직사회에서 연설을 전담하는 조직은 대통령비서실과 국무총리실 등 극히 일부에 불과하다. 그렇기 때문에 공직사회에서 연설문을 쓴 경력을 가진 공직자도 그만큼 드물다.

공무원 중에 자청해서 글쓰기를 전담하려는 사람들도 많지 않다. 대부분 글쓰기를 어려워한다. 자신의 연설문이 아니라 다른 사람의 연설문을 쓰는 일이기 때문에 더 어렵다.

처음 청와대에 들어갔을 때는 공보수석실의 역할 가운데 대통령 연설문을 작성하는 것이 가장 큰 비중을 차지하고 있었다. 공보수석 책임아래 공보1, 공보2, 보도지원, 통치사료 비서관 등 모두 네 명의 비서관이 있었다. 그중에 공보1 비서관과 공보2 비서관이 주로 연설문 작성의 실무를 맡았는데 공보2 비서관이 경제 관련 연설문을, 경제 이외의 대부분은 공보1 비서관이 담당했다. 보도지원 비서관은 청와대 출입기자단 지원업무를 했고 통치사료 비서관은 대통령의 국정을 기록하는 역할을 맡았다. 이러한 공보수석실의 기능과 역할은 조금씩 변화하기는 했지만 문민정부 때까지 그 골격이 유지되었다.

공보수석이 연설문을 직접 수정하면서 최종적인 책임을 지는 형태였다. 정책을 담당하는 각 비서관실에서 연설문 원고의 초안이 오면 행정관이 이를 수정하면서 본격적인 연설문 쓰기가 시작된다. 행정관과 비서관 그리고 공보수석을 거쳐 대통령께 보고가 되는 형식이다.

국민의 정부가 들어서면서 이러한 공보수석실의 기능은 다소 달라졌다. 공보수석실의 업무가 언론과 홍보 전반으로 확대되면서 연설문을 작성하는 업무는 연설비서관실 전담 체제로 바뀌게 되었다.

연설비서관이라는 이름의 직책이 공식적으로 처음 등장했다. 과거 공보비서관들이 나누어 하던 연설문 작성 업무를 연설비서관이 전담하게 된 것이다. 몇 명의 행정관들이 분야별로 연설문을 작성하고 이를 연설비서관이 총괄하는 형태가 되었다.

참여정부 때는 공보수석이 홍보수석으로 바뀌는 등 일부 변화가 있었지만 기본적인 골격은 국민의 정부와 유사했다. 다만 2004년부터 연설비서관실은 홍보수석실에서 분리되어 대통령비서실장 직속으로 독립되었다. 이명박 정부 출범과 함께 연설비서관실은 국정기록업무를 통합하여 연설기록비서관실로 변화되어 지금에 이르고 있다.

한편 국무총리실에서는 공보비서관, 홍보기획비서관 등이 연설문 작성 업무를 담당했으며 2008년부터 연설비서관으로 이름을 바꾸어 이를 전담하게 되었다.

2
연간 30만 건의 연설?

연설은 유명한 사람, 지위가 높은 사람이 근엄한 자리에서 하는 말이라고 여기기 쉽다. 하지만 그건 아니다. 누구나 일상생활 속에서 연설을 하기도 하고 연설을 듣기도 한다. 동창회나 향우회에서 듣는 인사말도 모두 연설이라고 할 수 있다. 그런데 우리는 공적인 자리든 사적인 자리든 연설에 대한 기억은 그리 좋은 편이 아닌 것 같다.

"지루하다.", "딱딱하다.", "돌아서면 잊어버린다." 대부분의 사람들이 연설에 대해 이렇게 얘기한다.

지루한 것은 시간을 지키지 않고 했던 말을 반복하기 때문이다. 딱딱한 것은 연설을 듣는 대상을 고려하지 않고 자기중심적으로 말하기 때문이다. 돌아서면 잊어버리는 것은 핵심 메시지가 분명하지 않거나 너무 많기 때문이다. 한꺼번에 많은 것을 전달하려는 욕심의 결과라고 할 수 있다.

일상생활에서 가장 쉽게 볼 수 있는 연설이 결혼식 '주례사'가 아닐까 싶다. 2013년 통계를 보면 우리나라 혼인 건수는 32만 2천 8백 건이다. 이를 보면 한 해 동안 최소한 30만 건 이상의 결혼식, 다시 말해 30만 건의 주례사가 있었다고 할 수 있다. 횟수로만 생각하면 이보다 많은 연설은 없을 것이다. 대부분의 국민이 1년에 적어도 한두 차례 이상 '주례사'라는 연설을 듣는 셈이다. 가끔 멋진 주례사나 이색적인 주례사가 화제가 될 때도 있지만, 대부분 요식행위의 하나로 무심하게 지나간다.

주례사에 대해 사회자들은 "주례선생님으로부터 신랑신부가 평생의 교훈으로 삼아나갈 주례사를 해주시겠습니다."라고 소개한다. 끝나고 나면 또 "금과옥조와 같은 귀한 말씀을 해주신 주례선생님께 진심으로 감사드립니다."라고 경의를 표한다. 문제는 정말 좋은 말이지만 듣는 사람, 기억하는 사람이 많지 않다는 데 있다.

종종 신랑, 신부에게 결혼식 때 가장 힘들었던 것이 무엇이냐고 물으면 주례사를 들을 때였다는 대답이 들려오기도 한다.

왜 이런 일이 벌어질까? 왜 아무도 이상하게 생각하지 않을까? 우선 결혼식은 연설을 할 행사가 아니기 때문이다. 주례사를 듣는 것이 결혼식의 목적이 아니며 결혼식의 주인공, 행사로 말하면 주빈主賓이 주례선생님이 아니다. 당연히 결혼식의 주인공은 신랑과 신부다. 행사의 개념으로 본다면 결혼식의 식순에 주인공인 신랑과 신부가 연설을 해야 한다. 게다가 예식장 자체가 어떤 연설을 경청할 분위기의 장소가 전혀 아니기도 하다. 그래서인지 최근에는 주례사에 앞서 신랑과 신부가 자신들의 소감을 밝히는 순서를 가지기도 하고 주례 없이 하는 결혼식이 늘어나고 있다.

'연설'이라는 측면에서 보면 결혼식의 주례사를 하는 분의 문제도 적지 않다. 본인이 주인공이 아니고 청중이 들을 분위기가 아니라는 것을 감안해야 한다. 또한 주례사의 내용도 "사랑하라.", "효도하라.", "인내하라." 등 대부분 수없이 들어본 이야기다. 여기에다 끝나는 시간마저 예측하기 어렵기 때문에 하객들의 귀에 들어오지 않고 지루하게 느껴지게 된다.

한번은 정말 불가피한 사정으로 인해 주례를 보게 되었다. 아무도 듣지 않을 이야기를 어떻게 해야 할지 난감할 수밖에 없었다. 궁리 끝에 딱 4분만 주례사를 하기로 했다. 그날 했던 주례사의 요지는 다음과 같다.

"첫째, 사랑하라고 말하지 않겠다. 왜냐하면 두 사람은 이미 사랑이 넘치고 넘쳐서 이 자리에 섰다. 누가 강요한 사랑이 아니다. 두 사람이 선택하고 약속한 사랑이다. 그렇다면 이제 그 약속을 지키는 일만 남았다. 자신에게 배우자에게 양가 부모님에게 그리고 수많은 하객들에게 한 그 약속을 반드시 지키기 바란다. 둘째는 효도하라고 말하지 않겠다. 많은 젊은 부부들이 효도라는 이름 때문에 서로에게 불편할 때가 많다. 시댁과 처가댁에 언제 가야 하는지, 안부전화는 얼마나 자주 드려야 하는지, 부모님들께 용돈은 얼마를 드려야 하는지, 고민이 될 때가 많다고 한다. 드러내놓고 말하기도 어려운 일들이다. 이런 식의 효도는 하지 말라는 것이다. 친정어머니는 시집 간 딸자식의 목소리만 들어도 무슨 일이 있는지, 기분이 어떤지 다 알게 된다. 자신의 몸속에 자라는 암 덩어리는 참을 수 있어도 자식의 마음속에 자라는 근심 덩어리 때문에 잠을 자지 못한다. 그런 부모님의 마음을 20만 원, 30만 원의 용돈으로 저울질하지 마라. 대신에 진짜 효도하라. 그것은 두 사람이 누구나 부러워할 정도로 날마다 즐겁고 신나고 행복하게 사는 것이다. 그것이 부모님에 대한 최고의 효도다. 셋째는 참지 말라고 말하고 싶다. 옛날에는 시집가면 무조건 참으라고 했다. 하지만 지금은 무조건 참으면 이혼하게 된다. 화가 나면 화를 내고 마음에 걸리는 것이 있으면 풀어야 한다. 대신에 사랑도 참지 말아야 한다. 칭찬도 참지 말아야 한다. 행복도 습관이다. 오늘 행복한 사람이 내일도 행복할 수 있다."

3
말과 글

지금은 소통의 시대라고 한다. 가장 중요한 소통의 수단은 바로 말과 글이다. 특히 공식적인 말과 글이 갖는 무게는 매우 크다. 사회 각 분야의 리더에게 말과 글이 얼마나 중요한가는 따로 설명할 필요가 없을 것이다. 때로는 정치나 공직의 생명을 좌우할 수도 있다. 말과 글은 자신을 알리는 데 있어서, 또 어떤 조직을 이끄는 데 있어서 가장 유용한 수단이 된다. 말을 어떻게 하고 글을 어떻게 쓰느냐가 그 사람에 대한 인식 자체를 바꿔놓을 수 있다.

그럼에도 불구하고 말과 글에 대해 체계적인 학습의 기회는 매우 제한적이다. 학교에 다닐 때 듣기와 쓰기를 비롯한 국어교육을 받기는 하지만 직장에 들어가면 대부분의 업무는 말과 글로 하는데도 말하기와 글쓰기에 대한 교육은 소홀히 한다. 그것은 직무와 직접적인 관련이 없거나 개인이 알아서 할 문제라고 인식하기 때문이다.

그렇다면 직장에서 업무의 하나로 쓰는 공적인 글쓰기는 사적인 글쓰기와 어떻게 다를까?

　우선 직장에서 쓰는 공적인 글에는 글을 쓰는 개개인의 이름이 표기되지 않는다. 공공기관이든 기업이든 대부분 그 기관이나 대표의 이름으로 나가게 된다. 이것은 개인적인 글, 사적인 글이 아니라는 것이다. 어떠한 연설문도 원고를 쓴 사람이 아니라 연설한 사람의 것이다. 원고를 준비하는 사람은 행사가 이뤄지기 전까지 연설하는 사람의 글쓰기를 도와주는 사람이다. 따라서 공적인 글에는 자기 자신의 개인적인 주장이나 신념을 담아서는 안 된다. 그 조직이나 대표자의 주장을 담는 것이다. 여기에서 가장 많은 혼란을 느끼게 된다. 그래서 스피치 라이터는 '영혼'이 없어야 한다는 말까지 나오게 된 것이다. 이때의 '영혼'이란 개인적인 신념을 말한다고 보아야 한다. 그것은 대외적으로 발표되기 이전에 건의하고 토론하면서 반영해야 한다. 그런 다음에 공식적으로 발표되는 글에는 그 기관의 '영혼', 그 기관 대표의 '영혼'이 담겨있어야 한다.

　다음으로 공적인 글은 신뢰와 책임이 생명이다. 최근 들어 SNS를 비롯한 인터넷 공간에서 수많은 글들이 실시간으로 올라와 매우 유익한 정보를 손쉽게 접할 수 있게 해준다. 우리들의 삶을 더욱 풍요롭게 해주는 경우도 많지만 그로 인해 여러 가지 문제점들이 대두되기도 한다. 이러한 글들은 일종의 사적인 글이라고 해야 한다. 때로는 가장 사적인 글들이 많은 사람들의 사생활을 침해하는 아이러니를 보게 된다. 그 핵심에 바로 신뢰와 책임의 문제가 있는 것이다.

　따라서 신뢰와 책임을 가장 중요하게 여겨야 하는 공적인 글쓰기는 사적인 글쓰기와 달라야 한다. 결국 말과 글을 포장하는 기술이 아니라 그 내용이 가장 중요하다.

☞ "참 더러운 일 하십니다"

2007년 EU상공회의소에서 주최한 국무총리 초청 오찬이 있었다. EU상공회의소는 서울에 있는 EU 국가 상공인들의 모임이다. 오찬 행사에는 상공인들과 함께 주한駐韓 EU 국가 대사들이 참석했다. 그날 나는 한덕수 국무총리를 모시고 오찬에 참석했다. 총리의 연설은 물론 모든 행사가 영어로 진행되었다. 오찬을 하는 자리이기 때문에 원탁테이블에 열 명 정도가 함께 앉았다. 내가 앉은 테이블에는 유럽 지역 국가들의 주한 대사들이 주로 자리 잡았다.

바로 옆자리에 있는 분이 국무총리 연설비서관이라는 명패를 보고 이런 저런 이야기를 물었다. 이전에는 어떤 분을 모셨느냐고 했다. 대통령 네 분의 연설문을 썼다고 했더니 깜짝 놀랐다. 그러면서 그 테이블에 있던 다른 분들까지 대화에 참여하게 되었다. 스피치 라이터에 대한 관심이라고 생각했다. 그때 대사 한 분이 우리말로 이야기했다. "참 더러운 일 하십니다." 아마도 그분은 우리말을 배우면서 '어렵다'를 '더럽다'로 알고 있는 것 같았다.

4
공식적인 글

공식적인 글은 창작이 아니다

글에 대한 첫 번째 편견은 모든 글은 아름답게 써야 한다고 믿는 것이다. 그래서 문장 하나하나에 매달리게 된다. 멋진 형용사를 찾는 데 몰두하게 된다. 그런데 직장인들이 쓰는 공적인 글은 그런 글이 아니다. 물론 문학작품과도 전혀 다르다. 그건 상상력에 의한 창작물이 아니라, 알고 있는 사실들을 순서에 따라 잘 정리하는 일이라고 할 수 있다. 형용사에 매달리게 되면 생각이 흐트러지기 쉽고 보다 중요한 핵심을 놓치게 된다.

글에 관한 두 번째 편견은 서론, 본론, 결론 순으로 쓴다는 것이다. 그래야만 논리적이라고 배웠기 때문이다. 그러나 우리들이 쓰는 대부분의 공식적인 글은 이런 순서와는 아무런 상관이 없다. 오히려 그런 순서 때문에 망하는 경우가 많다. 고정관념에서 오는 잘못이라고 할 수 있다.

결국 공식적인 글은 우리가 평소에 생각하는 그런 글이 아니다. 그렇기 때문에 말하는 순서에 따라 써야 한다. 성격에 따라 결론부터 말해야 할 때가 있고 서론부터 차분히 설명해야 할 때가 있다.

결국 내가 말하고자 하는 글쓰기의 결론은 공식적인 글은 글이 아니며 공식적인 글쓰기는 창작이 아니라는 것이다. 공직자를 비롯한 많은 직장인들이 업무를 하면서 글쓰기가 어렵다고 느끼는 가장 큰 원인이 글에 대한 기본적인 오해에서 시작되었다고 보기 때문이다. 공식적인 글은 흔히 우리들 기억에 뿌리 깊게 남아 있는 시, 소설, 수필과 같은 그러한 '글'과는 전혀 다르다. 공식적인 글은 글이 아니라 말이며 생각이며 정책이다. 그렇기 때문에 창작이 아니라는 것이다.

☞ 결론부터 말하세요

국회에서 질문답변을 하는 과정을 보면 답답할 때가 많다. "시간이 없어 질문을 제대로 못한다.", "시간이 없어 답변을 제대로 할 수 없다."는 이야기를 듣게 된다. 이것은 말의 순서가 잘못됐기 때문이다. 시간을 정해놓고 하는 상황에서 제대로 순서를 정해 놓지 않고 말을 하면 배경을 설명하다가 끝날 수 있다. 서론에서 이야기가 끝난다는 것이다. 이것은 질문도 답변도 마찬가지다.

따라서 이런 경우 결론부터 글을 써야 한다. 극단적으로 말하면 단 한 줄만으로도 답변의 핵심은 전달할 수 있어야 한다. 무조건 중요한 이야기의 순서대로 정리해야 한다.

공식적인 글의 유형

공직자를 비롯한 직장인들이 쓰는 글의 유형은 대체로 연설문, 말씀자료, 보도자료, 답변자료 등이라고 할 수 있다. 그 가운데 연설문이 가장 대표적인 글이라고 할 수 있다.

연설문이나 보도자료에 대해서는 누구나 짐작할 수 있지만 답변자료는 다소 생소하다. 국회, 지방의회 등에서 의원들의 질의에 국무위원이나 기관장들이 답변할 때 활용하는 자료다. 예상되는 질의에 대해 답변할 수 있는 자료를 준비하는 일은 공무원들에게 매우 절실한 업무 가운데 하나다.

말씀자료는 연설문과 달리 회의 등을 할 때 주재하는 분이 말할 수 있도록 정리한 자료다. 연설문과는 여러 면에서 차이가 있다. 원고대로 낭독하는 것이 아니라 원고를 참고하여 말하도록 준비하는 자료다. 따라서 키워드 중심으로 적어야 한다. 통계나 정책내용 등은 명확하고 간결하게 정리한다. 다양한 사례들을 활용하면 '말씀'이 풍부해진다.

예를 들어 어떤 장관이 부처 업무와 관련하여 시민단체 대표들을 만나는 간담회를 할 때 장관이 할 모두말씀을 써드리는 것이 바로 말씀자료다. 그때 '오늘 여러분을 만나 반가움'과 같은 식으로 정리하면 첫 줄부터 낙제. 그런 말을 못할 것으로 염려해서 말씀자료를 만드는가? 풀 센텐스의 어미만 '~함, ~했음'으로 쓰는 게 말씀자료가 아니다. 말씀자료를 쓸 때는 분명한 메시지가 담긴 다섯 개 정도의 단락을 정리한다고 생각해야 한다. 1)행사를 하는 이유, 2)관련 정책에 대한 설명, 3)정책추진에 대한 어려움, 4)시민단체의 협조 부탁, 5)시민단체의 중요성 등으로 정리해야 한다. 이렇게 하지 않으면 말씀하는 분이 자료를 활용하기가 어렵다. 하나의 메시지로 줄줄이 이어지면 그대로 읽을 수도 없고 어느 대목을 읽다가 빠져나오기도 어렵다. 따라서 읽는 분이 필요한 부분만 참고해도 전혀 불편함이 없도록 메시지를 분명하게 나누어서 정리해야 한다.

☞ 세상에서 가장 아름다운 글

　세상에서 가장 아름다운 글은 무엇일까? 그것은 아마도 편지가 아닐까 싶다. 편지는 오직 한 사람을 위해 쓴 진솔한 글이다. 연인이든 가족이든 누군가에게 자신의 생각과 마음을 전하기 위해 쓴 것이기에 '세상에 하나밖에 없는 글'이라고 할 수 있다. 밤을 새워 편지를 쓰고 정성을 들여 우표를 고르고 우체통에 넣기까지 그만한 정성이 어디 있겠는가? 그래서 편지글은 더 아름다운 기억으로 남아 있다.

　편지라는 단어만으로도 우리에게 주는 애잔함이 있다. 편지를 소재로 한 많은 노래와 소설, 영화가 만들어진 것도 이 때문일 것이다. 누구나 경험할 수 있고 누구나 공유할 수 있는 메시지가 있었기 때문이다. 한때는 우표수집이 많은 사람들의 취미로 사랑받았다. 귀한 우표는 상당한 가격에 거래되기도 했다. 지금은 편지를 잘 쓰지도 않고 보기도 어렵다. 너무나 편리해진 문명의 이기 때문이다. 문자로, 메일로, 메신저로 자신의 생각을 실시간으로 전할 수 있다. 생각하고 추억할 겨를이 없어진 것이다.

우리 전통혼례를 치를 때도 편지가 있었다. 결혼을 하기로 양가가 합의를 하고 결혼 날짜가 정해지면 신부 측에서 예단을 보내면서 그 안에 편지를 함께 보냈다. 이 편지에는 혼례의 의미와 감사, 예단 목록 등에 대한 이야기가 담겨 있었다. 내용의 격식을 갖추어야 했고 글씨체도 중요했기 때문에 아무나 쓸 수 없었다. 그래서 편지를 쓸 수 있는 여성분에게 부탁해서 쓰곤 했다. 이때의 편지도 가장 경사스러운 날에 보내는 아름다운 글이었다고 할 수 있다.

편지는 또 다른 의미를 갖기도 했다. 자식들이 군대를 가면 제일 처음 받는 것이 바로 입고 갔던 옷을 소포로 받는 일이다. 그때 몇 자 적은 편지가 함께 들어 있는데 그 편지를 읽으며 많은 부모들이 눈물을 흘린다. 그렇게 편지는 정서도 함께 전달하는 힘이 있다.

5
공식적인 말

　　　　　　　　　　말에 대한 첫 번째 편견은 '말은 유창하게 해야 한다.'는 것이다. 우리는 물 흐르듯 막힘없이 말을 잘하는 사람을 보면 '청산유수'와 같다고 말한다. 말을 잘하는 것은 부러움의 대상이다. 말로 사람의 마음까지 움직이고 세상을 바꾼 사람들에 대한 많은 이야기들이 전해 오는 것도 그러한 부러움의 결과일 것이다. 가끔은 그처럼 '유창한 말'이 곧 '멋있는 말', '화려한 말'로 여기게 된다. 그래서 말하는 기술, 대화의 기술에 대한 관심이 크게 늘어나고 이를 돕기 위한 수많은 책들과 학원까지 등장하게 되었다. 물론 이를 두고 나쁜 일이거나 잘못된 일이라고 할 수는 없다. 기왕이면 다홍치마라고 기왕에 하는 말이면 더 멋있고 더 아름답게 하면 좋을 것이다.

　　하지만 이러한 편견이 공식적인 말에 있어서 많은 문제를 일으키게 된다. 공식적인 말은 친구 사이에, 가족 사이에 나누는 일상적인 대화와는 다르기 마련이다. 공식적인 말은 단순한 기술의 문제가 아니라 그 말에 담겨 있는 내용의 문제이기 때문이다. 책임이 따르는 말이다. 그렇기 때문에 유창하게 하는 것이 중요한 게 아니라 정리된 내용을 정확하게 전달하는 것이 중요하다. 말은 유창해야 한다는 편견을 버려야 한다. 그것은 막연한 환상에 불과하다.

말에 대한 두 번째 편견은 '말은 재미있게 해야 한다.'는 것이다. 언제부터인가 말을 재미있게 하는 사람이 인기 있는 사람, 매력 있는 사람의 기준이 되었다. 나는 어떤 개그맨이 우리 사회가 지나치게 근엄하다고 했던 말에 전적으로 공감한다. 하지만 그 또한 말의 성격에 따라 달라야 할 것이다. 공식적인 말이 재미있어야 한다는 것은 본말이 바뀐 것이다. 이 때문에 구설수에 오르고 때로는 곤욕을 치르는 사건들이 수없이 발생하는 것이다. 특히 사회적으로 상당한 지위에 있는 사람의 말실수는 '분위기를 띄워야 한다.', '재미있게 해야 한다.'는 일종의 강박관념에서 비롯된 경우가 많다.

특히 만찬 등에서 이뤄지는 건배사들이 문제가 되었던 적이 한두 번이 아니다. 어떤 자리의 주빈이라고 해서 꼭 자신이 분위기 메이커가 되어야 할 필요는 없다. 다른 참석자가 그런 역할을 한다고 해서 조금도 이상할 것이 없다. 그로 인해 자신의 체면이 구겨지는 일은 더더욱 아니다. 그럼에도 불구하고 특별한 건배사, 재미있는 건배사를 통해 좌중을 즐겁게 해야 한다고 생각하는 경우가 많다. 이 때문에 음담패설에 가까운, 말도 안 되는 건배사들이 등장하기도 하는 것이다. 단순히 '재미'를 위한 한마디의 말이 엄청난 문제의 발단이 된다. 어떤 사람에게 씻을 수 없는 마음의 상처를 주기도 하고, 때로는 법적인 문제까지 될 수도 있다는 것을 기억해야 한다.

공식적인 말은 개그가 아니다. 썰렁한 유머도 그 사람의 진심이 담겨 있을 때 많은 사람들이 즐거워하는 경우도 적지 않다. 따라서 무조건 재미있게 말을 해야 한다는 것은 편견에 불과하다. 말을 재미있게 하지 못한다는 것 때문에 걱정하거나 마음 쓸 필요는 없을 것이다.

☞ 누가 말을 가장 잘할까?

말을 가장 잘하는 사람은 누구일까? 아마도 가장 정확하게 하는 사람은 방송국 아나운서가 아닐까 싶다. 그것도 텔레비전보다는 라디오방송을 할 때일 것이다. 전기가 들어오지 않았던 고향 마을에 전자제품이 있을 수 없었다. 텔레비전이 무엇인지를 알지 못했던 그때, 최고의 첨단제품은 바로 라디오였다. 초등학교에 입학할 무렵 이웃동네에 연고가 있던 재일교포 한 분이 귀국하면서 1964년 도쿄올림픽을 기념해서 만든 라디오 한 대를 갖고 왔다. 우리 집에서 그것을 구입하게 되었다. 참으로 신기한 그 물건은 가로 30cm, 세로 20cm 정도 되었다. 한쪽에는 길게 뽑아낼 수 있는 안테나가 있었고 잘 다듬은 가죽옷을 입었다.

그 조그만 기계로 사람의 소리를 듣는다는 것은 그 당시 우리에겐 정말 놀라운 일이었다. 저녁이면 우리 마을 모든 사람들이 우리 집으로 모였다. 앞쪽에 마치 벽걸이 텔레비전처럼 라디오를 걸어두고 소리를 들었다. 사람이라도 보이는 것처럼 라디오에 눈과 귀를 집중했다. 점차 뉴스를 듣게 되고 날씨를 알려준다는 것도 알게 되었다. 풍문으로만 듣던 세상 이야기를 알기 시작한 것이다.

그때부터 라디오는 우리들의 가장 귀중한 친구가 되었다. 나중에는 라디오를 통해 스포츠 중계방송을 듣게 되었다. 1970년 방콕아시안게임이 본격적으로 듣게 된 최초의 중계방송이었다. "고국에 계신 동포여러분, 여기는 이역만리 태국의 수도 방콕입니다."로 시작하는 라디오 중계방송은 우리를 들뜨게 했다. 라디오 중계는 전적으로 아나운서의 말에 의지했다. 흉내 낼 수 없을 만큼 빠르면서도 정확했다. 그 대회에서 우리나라 남자 축구와 남자 농구 팀이 우승했다. 당시 축구의 최고스타였던 이회택 선수가 상대편 선수에게 맞아 넘어졌다는 얘기와 우리가 1:0으로 이기고 있는 상황에서 경기종료시간이 3분 이상 지났는데도 심판이 끝을 내지 않는다는 얘기를 들을 때는 무척 흥분하기도 했다. 농구에서는 신동파라는 선수의 이름을 처음 알게 됐는데 그는 던지기만 하면 무조건 골인이 되는 것 같았다.

시간이 지나면서 어른들의 라디오에 대한 사랑은 더욱 지극해졌다. 특히 저녁 7시 40분에 시작했던 〈라디오 극장〉이라는 연속극은 요즘 텔레비전 드라마 이상으로 인기가 있었다. 그 시간이 되면 많은 사람들이 또 다시 라디오를 찾았다. 라디오 연속극의 매력은 스스로 그림을 마음껏 상상할 수 있다는 데 있었다. 소설을 영화보다 더 좋아하는 사람들도 이런 이유 때문이 아닐까 생각한다. 목소리가 고왔던 가수들은 누구나 절세미인이라고 생각했던 시절이었다. 가끔은 특집드라마도 했는데 주로 양력 설날인 1월 1일 무렵이었다. 그때는 평소처럼 2~30분이 아니라 몇 시간을 계속했던 것 같다. 우리들이 잘 알고 있던 장화홍련전, 콩쥐팥쥐전과 같은 이야기를 하루에 끝까지 하는 것이다. 그런 날이면 누나들이 아예 라디오를 들고 다녀야 했다. 라디오는 우리들 최고의 스타였고 아나운서는 나의 영웅이 되었다. 그의 말이 전해주는 감동은 아주 오래도록 남았다.

제2부

공식적인 말을 잘하는 법

1
공(公)과 사(私)를 구별한다

우리는 흔히 공公과 사私를 구별해야 한다고 한다. 이는 직장생활을 하는 모든 사람들의 가장 기본적인 행동규범이라고 할 수 있을 것이다. 말에 있어서도 마찬가지다. 오히려 행동보다 우선해야 할 것이 말에 있어서의 공사구별이다. 공사유별公私有別의 시작은 말이다. 쉽게 생각하면 공적인 관계에서 이뤄지는 말은 공식적인 말이고 사적인 관계에서 이뤄지는 말은 사적인 말이라고 할 수 있다.

따라서 어떤 경우가 공적인 관계이냐는 것이 중요하다. 이때의 공적인 관계는 법률적 사전적 의미와는 사뭇 다르다고 해야 할 것이다. 예를 들면 개인과 개인 간의 거래를 의미하는 사인 간의 거래도 공적인 관계라고 보아야 한다. 따라서 공직자들의 업무를 뜻하는 공무公務의 개념이 아니라 직업을 불문하고 일과 관계되는 모든 관계는 공적인 관계라고 하는 것이며 그러한 과정에서 이뤄지는 모든 말이 공식적인 말이라고 생각할 수 있다.

또한 공식적인 자리에 대한 의미도 모호할 때가 많다. 직장인들이 같은 사무실에서 일하는 동료들과 함께하는 회식자리는 어떠한가? 그 또한 공식적인 자리라고 보아야 할 것이다. 이 경우에도 회식의 성격이 업무의 연장이라고 볼 수 있는 공적인 회식이냐 아니면 몇몇 친분이 있는 동료들끼리 하는 사적인 만남이냐고 따져볼 수 있다. 하지만 그것은 산업재해보상보험법과 같은 법률적인 논란이 될 때의 의미다. 여기서 말하는 회식자리는 모두가 공식적인 자리라고 해야 할 것이다.

종종 이러한 공사구별을 착각한 나머지 일어나는 말과 관련된 사건들이 적지 않다. 직장 성희롱 사건의 상당 부분이 회식자리에서 비롯되었다는 것은 모두가 알고 있는 사실이다. 그 외에도 업무상 기밀의 누설, 부정한 거래 등이 수없이 일어나게 되는 것을 보게 된다.

따라서 모든 직장인들은 일과 중에 만나는 사람들과 나누는 모든 말은 공식적인 말이라는 인식을 갖는 것이 중요하다. 언어습관이라는 말처럼 말은 습관이다. 저절로 몸에 배야 한다는 의미다. 일과 관련된 자리, 일과 관련된 사람들을 만나는 자리는 모두가 공적인 자리라는 생각을 할 때 말에 대한 공사유별은 더 이상 문제가 되지 않을 수 있다.

2
쉬운 말이
좋은 말이다

　　　　　　　　　어떤 말이 좋은 말일까? 말이 소통의 수단이라고 한다면 상대방이 잘 알아들을 수 있도록 해야 한다. 당연히 쉬운 말이 좋은 말이다. 단지 지식의 수준을 이야기하는 것이 아니다. 우리는 "저 사람이 무슨 말을 하는지 도무지 알아들을 수 없다."는 이야기를 종종 한다. 특히 전문 분야에 종사하는 분들의 경우, 더 말을 알아듣기 힘들 때가 많다. 물론 전문가들이 모인 자리라면 전문용어가 시간을 절약하고 소통에 도움이 될 수 있을 것이다. 하지만 일반 대중을 상대로 할 때는 가급적이면 쉬운 말로 풀어서 설명하는 것이 기본이다.
　국민을 대상으로 하는 공직자의 말은 더욱 쉬워야 한다. 많은 정책의 성패가 국민의 공감과 참여에 있다. 그렇기에 국민에게 어떻게 설명하고 이해를 구해야 하는지는 매우 중요하다. 정책을 수립할 때부터 정책의 이름을 잘 지어야 한다. 보다 쉬워야 한다. 초등학생도 무슨 정책인지 알아들을 수 있도록 지어야 한다. 하지만 그게 말처럼 쉽지는 않다. 정책의 내용, 정책의 의미를 이름에서부터 담아야 한다고 믿기 때문이다. 이 또한 정책담당자나 기관의 입장에서만 보는 것은 아닌지 생각해 볼 필요가 있다.

또한 공식적인 말을 할 때는 가급적 표준말을 쓰는 것이 좋을 것이다. 사투리가 나빠서가 아니라 소통에 장애가 되기 때문이다. 혹시 그 사투리를 잘 알아듣지 못하는 사람이라면 어떻게 할 것인가. 감칠맛 나는 사투리가 특색 있는 지방문화로서 존중되어야 한다는 것과는 별개의 문제다. 이는 외국인을 위해 통역을 해야 하는 경우를 보면 쉽게 알 수 있다. 단순히 계산하더라도 소통의 시간이 두 배는 걸린다.

특히 어린이를 대상으로 하는 말이라면 가급적 한자어는 피하는 것이 좋다. 1980년대까지는 대통령 연설문을 국한문 혼용으로 원고를 작성했다. 주요한 단어는 한자로 적었다. 그것은 원고를 읽는 분들이 한자로 쓴 단어를 보고 읽는 것이 오히려 편하다고 느꼈기 때문이다. 이른바 한자세대였기에 할 수 있었다. 하지만 그때에도 어린이들을 대상으로 할 경우에는 달랐다. 원고를 완성한 다음에 한자로 쓴 단어들은 쉬운 말로 다시 풀어서 쓰는 작업을 했다.

따라서 공식적인 말은 말하는 사람의 기준이 아니라 듣는 사람을 기준으로 해야 한다. 이른바 공급자 중심이 아니라 수요자 중심이 되어야 한다.

☞ 윤석중 선생님과 어린이날 메시지

연설문은 말을 하기 위한 원고다. 그렇기 때문에 말에 가장 가까운 글이라고 할 수 있다. 작성하기 어려운 연설문은 어떤 것일까? 정치적으로 민감한 연설문, 계층 간, 지역 간 이해관계가 첨예한 정책 관련 연설문 등은 물론 어렵다. 하지만 무겁지 않으면서도 준비하는 데 많은 고민을 해야 하는 연설문도 적지 않다. 그 가운데 하나가 '어린이날 메시지'다. 우선 해마다 돌아오기 때문이다. 우리나라 대통령은 매년 어린이날 메시지를 발표했다. 또 어린이들을 대상으로 하는 것이기 때문에 다른 정치적 사회적 문제들에 대한 언급을 하기도 어렵다. 메시지에 상당한 제약을 받게 되는 것이다. 그래서 자칫 해마다 비슷한 '훈시'를 반복하게 될 수도 있다.

1997년 4월이었다. 그해에도 어린이날 메시지를 준비하면서 너무 고민이 되어 아동문학의 원로이신 윤석중 선생님을 찾아갔다. 당시 대우그룹 고문으로 계시던 선생님은 나를 무척 반가워하셨다. 마치 소년처럼 좋아하셨다. 선생님은 연설문을 어린이들의 눈높이에 맞춰야 한다, 어린이들이 알아들을 수 있는 쉬운 말로 써야 한다고 누차 강조하셨다.

그런데 놀라운 이야기를 하나 들었다. 우리들이 불렀던 졸업식 노래, '빛나는 졸업장을 타신 언니께…'로 시작하는 그 노래에 얽힌 일화였다. 해방이 되던 해 겨울이었다. 어느 날 교장 선생님으로 계시는 친구 분이 급히 찾아와서 "큰일 났다. 졸업식이 다가오는 데 부를 노래가 없다."며 무척 다급해 했다고 한다. 아마도 그전까지는 졸업식 때도 일제의 노래를 불렀었나 보다. 그래서 그날 밤 친구와 함께 선술집에 앉아서 노랫말을 쓰고 작곡하는 친구를 불러 만든 노래가 바로 졸업식 노래라고 했다. 누구나 한두 번은 불렀던 졸업식 노래가 그렇게 만들어진 것이다. 그리고 "꽃다발을 한아름 선사합니다."라는 가사 때문에 졸업식에 꽃다발 선물이 크게 유행하기 시작했다고 했다.

윤석중 선생님에 이어 정채봉 선생님을 만났다. 대학로에 있는 샘터사 사무실에서 만난 선생님은 어린이들에 대한 지극한 사랑을 이야기했다.

"어린 시절을 돌아보면 참 웃음이 많았다. 파란 들길을 달려가던 시절로 돌아가 여러분과 함께 뛰어놀고 싶은 마음이다. 북녘에 있는 어린이들과도 손에 손을 잡는 그런 날이 올 것이다. 지금도 슬픔을 지닌 어린이들, 부모님의 고통을 함께 나누고 있는 어린이들을 위로하고 싶다. 희망을 가질 때, 절망을 뿌리칠 때 여러분의 기쁨은 두 배가 될 것이다." 그날 선생님은 유난히 웃음이 넘치는 사회를 강조하셨다. 그리고 당신의 에세이 『좋은 예감』을 선물로 주시면서 어린이들을 더 많이 생각해달라고 당부했다.

윤석중 선생님과 정채봉 선생님은 아이처럼 파란 마음과 맑은 눈을 가진 분이셨다.

3
순한 말이
아름다운 말이다

한때 조직폭력배들을 소재로 한 조폭영화가 크게 유행한 적이 있다. 그런 영화들에 대해 "조직폭력배들을 지나치게 미화한다.", "영화는 그냥 영화일 뿐이다." 등 여러 가지 논란이 있었다. 나는 그런 영화들에 대해 거부감을 가지고 있었는데 가장 큰 이유는 바로 욕설 때문이었다. 대사의 상당 부분이 욕설이라는 데 놀랄 수밖에 없었다. 물론 우리 전통문화 속에도 욕설문화가 있다. 풍자와 비유로 서민들의 가슴속에 쌓여온 응어리까지 시원하게 풀어내기도 했다. 그건 통쾌한 욕설, 해학이 넘치는 욕설이다. 하지만 욕설도 욕설 나름이다. 조폭영화에 나오는 욕설들은 그냥 욕설일 뿐이라는 생각이 들었다.

요즘 청소년들의 언어습관을 걱정하는 사람들이 많다. 가끔 지하철이나 시내버스에서 청소년들이 나누는 대화를 듣다 보면 절반은 욕설인 것 같다. 그들의 대화 속에도 욕설이 일상화되어 있다. 그들이 욕설을 욕설이라고 생각하지 않는 데에 심각성이 있다.

이처럼 우리의 언어습관을 살펴보면 순한 말과는 갈수록 거리가 멀어지고 있다. 욕설까지는 아니더라도 사람들의 말이 갈수록 공격적으로 변해가고 그 강도는 더욱 높아지고 있다.

방송에서까지 '독설'이 유행하는 것을 보면 잘 알 수 있다. 가끔 공격적인 독설이 통쾌하게 여겨지기 때문일 것이다. 남을 사납게 비방하거나 매도하여 해치는 말이 독설의 원래 의미다. 기본적으로 남을 해치기 위한 말인 것이다. 직설적인 표현이 꼭 나쁘다고는 할 수 없지만 그럴 때에는 사실관계나 인과관계가 분명해야 한다. 지극히 주관적인 판단이나 감정이 실려 있는 독설과는 달라야 한다.

가끔 방송의 예능 프로그램에 등장하는 '돌직구'라는 표현은 그래도 괜찮은 편이다. 의도적으로 누구를 매도하기 위한 것이 아니라 웃음을 전제로 한 것이기 때문이다.

하지만 어떤 경우라도 말로서 모든 것을 해결하려 하면 안 된다. 그렇게 될 수가 없다. 행동이 따라야 한다. "서부진언 언부진의書不盡言 言不盡意"라는 말이 있다. 주역에 나오는 말로 "글은 말을 다하지 못하고 말은 뜻을 다하지 못한다."는 의미다. 결국 말은 순하고 부드럽게 하고 행동이나 실천은 강하게 하는 것이 바람직할 것이다.

말의 강약, 말의 수준은 마치 마약과 같은 속성이 있다. 한번 강하게 되면 순하게 될 수가 없다. 앞에서 한 말이 있기 때문에 점점 더 강해지는 것이다. 강도 높은 말이 설득력이 있다고 생각하는 것은 오산이다. 그것이 반복될 때 오히려 신뢰를 떨어뜨리기 쉽다.

그렇게 보면 역시 아름다운 말은 강한 말이 아니라 순한 말이다. 순한 말이 나중에는 신뢰를 얻는 바탕이 된다. 외유내강外柔內剛이 우리의 미덕이라고 여겨왔다. 그 속에는 말은 순하고 부드러워야 한다는 뜻이 담겨 있는지도 모른다. 말이 씨가 된다고 한다. 말이 거칠어지면 사람들의 심성도 거칠어지기 마련이다.

☞ 국무총리와 언어순화운동

2013년 10월 초에 한글날 연설문 초안을 정홍원 국무총리께 보고하는 자리였다. 한글날 기념식에는 총리가 주빈으로 참석하여 기념사를 하도록 되어 있다. 한글의 우수성과 중요성, 한류문화 확산 등을 담은 초안이었다. 그때 총리께서 "이번 한글날 메시지는 언어순화운동으로 했으면 좋겠다."고 했다. "언어습관이 중요한데 우리의 언어가 갈수록 거칠어지고 있다, 청소년들의 언어가 더욱 걱정이다. 민간에서 자발적으로 참여하는 국민운동을 해나갈 필요가 있다."는 요지로 말했다. 그래서 다음과 같이 기념사에 들어가게 되었다.

"우리 모두가 우리말과 우리글의 주인입니다. 그런 만큼 우리의 말과 글을 더욱 아름답게 발전시키기 위해서는 국민 모두의 노력이 무엇보다 중요하다고 생각합니다. 우리는 일상생활을 통해 무분별한 비속어와 저속어는 물론, 심지어 언어폭력까지 난무하는 것을 볼 수 있습니다. 때로는 무차별적인 폭력적 언어가 고귀한 생명까지 위협하는 경우도 있습니다. 특히 자라나는 청소년들에게 언어에 의한 가해행위는 물리적 폭력에 못지않은 큰 상처가 될 수도 있습니다. 저는 이처럼 잘못된 문화를 바로잡기 위해 '범국민적인 언어순화운동'이 필요하다고 생각합니다. 많은 국민들의 자발적인 참여 아래 이 운동이 펼쳐진다면 품격 높은 대한민국으로 선진국 대열에 당당히 진입하리라 확신합니다. 모든 국민이 관심과 사랑을 갖고 우리말과 우리글 가꾸기에 참여하여 우리 사회를 훨씬 더 따뜻한 공동체로 바꾸어 나갑시다." (2013년 10월 9일, 567돌 한글날 기념사 - 정홍원 국무총리)

2014년 9월 하순이었다. 다른 연설문을 보고할 때 총리께서 한글날 연설문에 대해 다시 말했다. "작년에 언어순화운동을 제안하고 시작했는데 아직은 성과가 미흡한 것 같다. 지난 1년의 추진상황을 살펴보고 이번 한글날에 한 번 더 언어순화운동의 필요성을 강조하고 싶다."고 했다. "언어순화운동이 한두 해 추진해서 될 일이 아니다. 지속적으로 하는 것이 가장 중요하다."고 재차 강조했다. 언어순화에 대한 관심이 오랜 신념임을 느낄 수 있었다.

우선 한글날을 앞두고 있던 10월 초에 국무총리가 주재하는 국가정책조정회의에서 문화체육관광부가 언어순화운동에 대한 그간의 추진성과와 향후 계획에 대해 보고했다. 그리고 한글날 기념식에서 언어순화운동의 중요성을 다시 강조했다. 연설이 정책을 이끌어가는 사례를 보여 준 것이라고 할 수 있다. 그날 기념사는 다음과 같다.

"언어는 가장 소중한 소통의 도구이며 통합의 매개입니다. 아름다운 말과 글을 쓰는 올바른 언어문화는 서로를 배려하고 존중하는 신뢰사회를 만들어가는 데 가장 기본이 될 것입니다. 우리의 언어문화가 갈수록 속되고 거칠어진다면 문화융성도 기대하기 어려우며 세계적인 '한국어 배우기'에 대한 자긍심도 크게 훼손될 것입니다. 그래서 저는 지난해 한글날 경축사에서 우리의 언어문화를 바로세우기 위해 '범국민적인 언어순화운동'의 필요성을 강조한 바 있습니다. 작년 연말에는 사회 각계각층에서 자발적으로 참여한 언어문화개선 범국민연합도 출범했습니다. 그동안 공공언어와 방송·인터넷 언어 그리고 청소년 언어 등에서 바른 언어를 사용하기 위해 많은 노력을 기울였습니다. 하지만 이런 노력이 더 큰 성과를 내기 위해서는 우리들의 일상적인 생활 속에 스며들 수 있도록 하는 것이 무엇보다 중요하다고 생각합니다. 다음 달부터는 '바른 언어, 고운 언어, 품격 있는 언어의 생활화'를 목표로 2단계 언어문화개선운동이 본격적으로 시작됩니다. 우리 모두의 자발적인 참여와 생활화를 통해 우리 언어가 더욱 아름답게 꽃필 수 있기를 바랍니다. 국민 여러분의 우리글과 우리말에 대한 사랑으로 문화융성의 새로운 시대를 열고 품격 높은 대한민국을 만들어 가게 되기를 기대합니다." (2014년 10월 9일, 568돌 한글날 기념사 - 정홍원 국무총리)

4
먼저 듣고
나중에 말한다

　　　　　　　　주위 사람들로부터 인기 있는 사람, 만나고 싶어 하는 사람은 어떤 사람일까? 은퇴를 하고 나이가 들어서도 많은 사람이 만나자고 연락하는 사람이 있다. 심리학자들은 그런 사람들의 특징 가운데 하나는 언어 습관에 있다고 한다. 다른 사람의 말을 잘 듣는 습관이라는 것이다. 아무리 허물이 없는 가까운 친구가 말을 할 때도 경청하는 사람이 있다. 무작정 듣고만 있는 것이 아니라 적당히 반응하며 맞장구를 친다. 말로만 아니라 때로는 몸짓으로 때로는 표정으로 반응한다. 흔히 방송에서 말하는 '리액션'이 중요하다고 할 수 있다. 단지 말이 유창한 사람, 말이 재미있는 사람이 아니라 이러한 습관을 가진 사람이 주위 사람들 사이에 인기가 있고 매력이 있는 사람이다.

　　왜 이럴까? 사람들은 자신의 말을 잘 듣는 사람, 적극적으로 공감하는 사람에게 호감을 느낀다. 자신을 인정해주고 존중해준다고 느낀다. 한마디로 말하면 만날 때마다 대화할 때마다 기분을 좋게 해주는 사람인 것이다. 이처럼 경청을 강조하는 것은 동서고금의 오랜 역사를 통해 이어져온 사실이다. "침묵은 금이다.", "입은 하나고 귀는 둘인 이유는 그만큼 많이 들으라는 뜻이다." 등등 수많은 금언들이 있지 않은가.

그렇다면 공적인 관계에서 이뤄지는 공식적인 말의 경우는 어떠할까? 이 또한 마찬가지다. 특히 이른바 갑을관계라고 인식되는 경우에는 더더욱 그러하다.

우선 공직자들은 업무와 관련하여 수많은 민원인을 만나게 된다. 대부분 이런저런 이유로 인해 억울함을 호소하는 민원인이 많다. 이들 민원인의 억울함을 가장 잘 해소해줄 수 있는 공무원은 바로 '먼저 듣는 공무원'이다. 대부분 민원인들이 하는 이야기는 공무원들이 반복해서 들은 경우가 많다. 따라서 그 이야기의 결론이 어떻게 되는 지를 상당 부분 짐작하게 된다. 그래서 그냥 듣고 있지를 못한다. "지금 하시는 말씀은 이러이러한 것이 아닌가.", "그것은 이미 수차례 민원이 있었다.", "이러이러한 제도로 인해 될 수 없다."라고 잘라 말하는 경우가 있다. 법적으로나 정책적으로 보면 엄연한 사실일 것이다. 어쩌면 일일이 듣고 있는 것이 시간낭비라고 여길 수도 있다.

그런데 정작 여기에 문제가 있다는 것이다. 아무리 알고 있는 사안이라 하더라도 경우에 따라 다를 수도 있다. 또한 설령 같다고 하더라도 이야기를 들어주는 것만으로도 그 민원인의 억울함은 상당 부분 해소될 수 있을 것이다.

최근 행정학에서는 '이성'이 아니라 '감성'에 따라 공공기관에 대한 주민의 평가가 달라진다는 연구가 종종 이뤄지고 있다. 즉 민원인을 대하는 태도, 말투 등에 따라 그 기관에 대한 행정만족도가 달라진다는 것이다. 당연한 결과라고 할 수 있다. 비단 공공기관에만 해당되는 것은 아닐 것이다. 하도급 관계가 수없이 일어나는 기업의 경우는 그 정도가 더욱 클 수 있다. 사업의 성패가 좌우될 수 있을 만큼 직접적인 이해관계가 얽혀 있기 때문이다. 그때 누가 보더라도 갑의 위치에 있는 사람이 먼저 듣고 말할 때는 훨씬 더 쉽게 공감을 얻게 될 것이다.

우리는 어떤 사람과 이야기를 나눌 때 상대방이 90% 이상을 말하고도 돌아설 때는 "오늘 좋은 말씀 많이 들었습니다."라고 말하는 경우를 보게 된다. 바로 그것이 정답이다. 공식적인 말을 할 때는 결론을 미리부터 정해두고 대화하는 선입견을 버려야 한다. 먼저 듣고 생각하고 정리해서 말해야 한다.

☞ '청와대'라는 이름으로

1991년 9월 무렵의 일이다. 오전 9시경 이름을 알지 못하는 어떤 여성분이 전화를 했다. 자신을 '한민족축전' 홍보책자를 제작하는 편집자라고 소개하면서 조심스럽게 입을 열었다. "죄송합니다만 한 가지 여쭤보려고 전화를 했다. 이번 홍보책자에 들어가는 대통령 축사 원고를 언제 보내주셨느냐"고 물었다.

당시 전국체육대회가 끝나고 나면 세계한민족축전이라고 해서 해외동포들이 참가하는 체육대회가 별도로 개최되었다. 그 행사를 소개하는 홍보책자에 대통령의 축사를 게재하도록 되어 있었다.

그 전날이었다. 홍보책자를 인쇄해야 하기 때문에 시간이 없다고 행사를 담당하는 부처에서 여러 차례 요청을 해왔다. 홍보책자를 제작하는 편집자들이 인쇄소에서 대기하고 있다, 오늘 밤에는 인쇄를 시작해야 행사에 차질이 없다고 강조했다. 정확히 몇 시까지 보내면 되느냐고 물었더니 저녁 8시라고 했다. 그래서 윗분들을 재촉해서 원고를 마무리하고 대통령께 보고를 드리면서 동시에 보내주기로 했다. 정확히 저녁 8시에 팩스로 원고를 보내고 퇴근했다. 물론 팩스를 받았다는 것도 확인했다.

그래서 그 편집자에게 "어제 저녁 8시에 보냈다. 무슨 문제가 있느냐."고 물었더니 정말 뜻밖의 이야기를 했다. "그러신 것 같아서 전화를 했다. 밤새 기다리다가 오늘 아침에 원고를 받았다. 아침에 원고를 주면서 '청와대'에서 지금 받았다고 했다. 그런데 원고를 자세히 보니 어제 청와대에서 팩스를 보낸 시간이 나와 있었다. 그래서 꼭 확인해 보고 싶었다."고 말했다. 너무 어이가 없었다.

아무리 다급한 사정이 있었다고 하더라도 밤새 기다리는 사람들을 두고 어떻게 그럴 수가 있을까? 어려운 일도 아니고 전달만 하면 되는 원고가 아닌가. 설마 그 사람들이 청와대에 알아보겠느냐고 생각했을 것이다. 아니면 돈을 주고 일을 시키는 사람이니까 밤을 새든 말든 관심조차 없었는지 모를 일이다. 그건 갑을관계를 떠나서 사람에 대한 도리가 아니라는 생각이 들었다.

"제가 대신 사과드린다. 어떤 사연이 있었는지 알아보겠다. 밤새 고생하신 분들에게 너무 미안하다."고 말했다. 달리 위로할 방법이 없었다.

"아니다. 지금 해주신 말로도 충분하다. 청와대에서는 오히려 시간을 지켜 주셨는데 왜 청와대 핑계를 대는지 모르겠다. 하지만 제가 오늘 전화했다는 이야기는 하지 않았으면 좋겠다."라고 말했다. 마지막 말이 너무 아팠다. 참으로 가슴 답답한 하루였다.

5
적은 말로
상대를 설득한다

설득은 제압이 아니라 공감이다. 우리는 많은 말로 상대를 제압하려 하지 않는가? 가끔 자신의 논리로 자신의 말솜씨로 상대를 굴복시킬 수 있다고 믿는 사람들을 보게 된다. 물론 자신과 확신에 찬 모습은 때로는 매력적으로 보이기도 한다. 카리스마를 느낄 때도 있다. 하지만 그건 착각에 불과하다. 지식의 오만이거나 인격의 자만일 수 있다. 설득은 일방적인 논리가 아니라 공감에서 이뤄진다. "당신의 논리가 맞다.", "당신의 지식도 인정한다.", "그러나 당신의 뜻에 공감하지는 않는다."고 말하는 경우를 보게 된다. 이처럼 설득은 대화의 기술이 아니라 상대의 진심이라고 여겨질 때 이뤄진다.

이는 남녀 사이에 일어나는 연애의 감정, 사랑의 감정과 크게 다르지 않다. 어떤 남성이 어떤 여성에게 내가 돈도 있고 지위도 있고 집안도 좋고 외모도 준수한데 왜 나를 좋아하지 않느냐며 사랑을 강요할 때 어떻게 되겠는가. 사랑은 눈에 보이는 것으로는 이해하기 어려울 때가 있다. 그래서 사랑에 빠지는 것을 흔히 눈에 콩깍지가 씌었다고 말한다. 하지만 그건 눈에 보이는 콩깍지가 아니라 눈에 보이지 않는 진심의 콩깍지가 씌었기 때문일 것이다.

말은 싸움의 도구가 아니다. 그럼에도 간혹 말을 싸움의 도구로 여기는 경우를 보게 된다. 생방송 토론을 하던 중에 서로 멱살잡이를 하고 집기를 부수는 일이 벌어진 것을 해외토픽에서 본 적이 있다. 우리의 토론문화도 크게 다르지 않다. 이는 말로써 승패를 가르고자 하기 때문이다.

설득에 꼭 많은 말이 필요한 것은 아니다. 오히려 설득에 자신이 없거나 애당초 설득하기 어렵기 때문에 말을 많이 하게 되는지도 모른다. 사기꾼의 여러 가지 특징이 있다. 그 가운데 가장 쉽게 판단할 수 있는 것은 바로 '말이 많다.'는 것이다. 극단적인 예라고 할 수 있지만 도둑이 제 발 저리는 경우와 같은 이치다. 대화는 기본적으로 주고받는 말이다. 그런데 일방적으로 한 사람이 5분, 10분을 말한다면 그것은 대화가 아니라 돌아가면서 하는 주제발표와 다를 것이 없다.

따라서 설득하기 위해 많은 말을 준비할 것이 아니라 꼭 필요한 말을 준비해야 한다. 자신의 진심을 전할 수 있는 근거를 가져야 공감을 얻을 수 있다.

☞ 소와 사람의 소통

언젠가 '워낭소리'라는 독립영화가 크게 주목받은 적이 있다. 고기를 먹기 위한 육우가 아니라 농사일을 돕기 위한 일소에 관한 이야기였다. 그렇기 때문에 소를 단순한 가축이 아니라 가족처럼 여겼다. 농촌에서 논이나 밭과 같은 부동산을 제외하면 가장 중요한 재산은 소였다. 이때의 워낭은 소의 목에 달아놓은 방울을 말한다. 그것은 소를 통제하기 위한 족쇄가 아니라 사람과 소를 이어주는 소통의 방편이었다. 농사철이 되어 들일을 나가면 사람들이 일하는 동안 소가 쉴 수 있는 시간이 생긴다. 그때는 소의 끈을 풀어 산으로 올려 보낸다. 풀을 뜯을 수 있도록 하기 위한 것이다. 그 시간에 충분히 풀을 먹으면 그날 소의 저녁은 따로 준비하지 않아도 되고 소 또한 싱싱한 산 풀을 마음껏 먹을 수 있으니 사람이나 소나 아주 유용한 시간이다. 이때 일을 하면서도 소가 어디에 있는지 어떤 상황에 있는지를 가장 쉽게 가늠하게 해주는 것이 바로 워낭소리다.

소가 편안한 상태로 풀을 뜯고 있으면 워낭은 매우 규칙적이고 안정적으로 울린다. 그 소리는 어떤 악기보다도 평화롭게 들린다. 산골의 평화를 느끼게 해준다. 반대로 워낭소리가 급하거나 불규칙적으로 울리면 그건 소에게 무슨 일이 있다는 것이다. 벌에 쏘였을 수도 있고 소의 끈이 나무에 감겨 자유롭게 움직이기 어려울 수도 있다. 워낭소리가 자꾸 멀어지기 시작하면 소가 풀에 취한 나머지 너무 먼 곳으로 가고 있다는 것을 알게 된다. 이처럼 워낭소리는 사람과 말 못하는 소의 소통을 도와주는 것이다.

우리 집에도 그런 일소가 있었다. 그런데 본격적인 농사철이 다가오면 소에게는 하루하루가 무척 힘겨웠다. 이른 아침 집을 나서면 어두워서야 들어왔다. 거름을 실어내고 논밭을 갈고 추수한 곡식을 실어오고 겨울이 되어 땔나무를 실어올 때까지 1년 내내 잠시도 편할 날이 없었다. 아마 가장 힘들 때는 모내기철이었던 것 같다. 보리를 베어내고 모를 심어야 하는, 그것도 짧은 기간에 마쳐야 하는 그때는 사람도 소도 너무나 바빴다.

이 무렵, 이른 아침 일터에 나가시는 아버지는 꼭 막걸리를 준비했다. 집에서 농사철 간식을 위해 준비해 둔 밀주였다. 하지만 그런 막걸리라도 없으면 일을 할 수가 없다. 그건 술이 아니라 음식이었다. 농사꾼의 허기진 배를 채워주고 시름을 덜어주는 말 그대로 농주였다. 준비해가는 막걸리는 주전자 하나와 큰 대병, 이렇게 두 가지였다. 주전자에 담은 것은 당연히 아버지의 몫이었고 병에 든 막걸리는 우리 집 소의 몫이었다.

한참을 일하다 보면 사람도 소도 지치게 된다. 소의 숨소리가 거칠어지면 잠시라도 쉬어야 하고 그때는 사람도 소도 막걸리가 보약이다. 막걸리 병을 들어 소의 큰 입을 벌리고 부어주면 단숨에 한 병을 마신다. 그러고 나면 또 한나절을 기운차게 일을 한다. 일을 시키는 사람도 안심이 된다. 아마도 마음의 짐을 덜기 때문에 더 그러했을 것이다. 그래서 힘이 들면 사람도 소도 막걸리를 함께 마셨다.

6
일상적인 말이
멋있는 말이다

우리는 누군가의 이야기를 들으면서 전혀 가슴에 와 닿지 않을 때가 있다. 물론 사람이 비호감이거나 말도 안 되는 내용이기 때문에 그럴 것이다. 그렇지 않은 데도 공허하게 느껴지는 것은 그가 쓰는 말이 낯설기 때문에 그럴 수 있다. 우리는 평소에 자주 쓰는 말, 평소에 자주 듣는 말에 익숙해 있다. 익숙해 있는 말은 당연히 이해가 쉽고 공감도 빠르게 이뤄질 가능성이 높다.

10여 명에 불과한 직원들이 함께한 회식자리에서 하는 인사말을 마치 수백 명의 청중을 대상으로 하는 연설처럼 하면 어떻게 되겠는가. "여러분의 사명감과 충정으로 그동안 수많은 과제들을 성공적으로 해낼 수 있었다고 생각합니다. 여러분 한 분, 한 분께 깊은 감사의 말씀을 드립니다." 이러한 말에 얼마나 공감하겠는가. 오히려 "그동안 수고했습니다. 정말 고맙습니다. 오늘은 제가 쏘겠습니다."라고 하는 것이 나을 것이다. 이처럼 특별한 말이 멋있는 말이 아니라 일상적인 말이 멋있는 말이다.

☞ '만물이 소생하는…'

어느 해 2월 말이었다. 도청에서 근무하는 어떤 후배가 고민에 싸여 전화를 했다. 3월에 큰 행사가 있어서 연설문 초안을 써야 하는데, 몇 시간째 한 줄밖에 쓰지 못했다는 것이다. 무엇을 썼느냐고 물어보니까 "만물이 소생하는 계절, 3월이 되었습니다."라고 썼다고 한다. 이상하게도 3월만 되면 대부분의 연설문 초안은 "만물이 소생하는…." 으로 시작한다. 아마도 그것이 격식이라고 여기기 때문일 것이다. 또 무조건 계절인사를 먼저 해야 한다는 강박관념이 있을지도 모른다. 계절에 관한 인사는 좋은 연설문과 아무런 관련이 없다. 해도 되고 안 해도 되는 것이다. 계절 인사가 연설의 의미를 더해줄 때도 있다. 예를 들어 겨울이 유난히 추웠고 그로 인해 많은 농작물이 피해를 입었을 때가 있다. 그런 경우에 3월 정도가 되어 시설채소를 재배하는 농민들이 참석하는 행사가 열린다면 계절에 대한 느낌이 남다를 것이다. 계절인사는 그럴 때 하는 것이다. 그때도 "만물이 소생하는 계절입니다."는 공허하게 느껴진다. 오히려 "봄이 되었습니다. 그동안 추위 때문에 얼마나 힘들었습니까. 하루빨리 여러분의 피해가 복구될 수 있기를 바랍니다." 정도로만 하더라도 훨씬 나을 것이다. 무슨 말을 하는지 서로 잘 알고 있기 때문이다.

7
선의의 거짓말은 없다

　　　　　　　　　거짓말은 안 된다는 것은 변함없는 진리다. 하지만 그게 말처럼 쉽지 않은 것도 사실이다. 최고의 거짓말은 "나는 평생 동안 한 번도 거짓말을 안했다."는 말이라고 한다. 또한 어쩔 수 없는 거짓말, 때로는 필요한 거짓말도 있다고 한다. 이를 두고 동양에서는 '선의의 거짓말', 서양에서는 '하얀 거짓말'이라고 한다. 나름 일리가 없는 것은 아니다. 부모님의 걱정을 덜어드리기 위한 거짓말, 친구의 마음을 편하게 해주기 위한 거짓말들이 그러한 사례라고 할 수 있다. 거짓말이 하나의 미덕이 될 수 있는 경우다. 하지만 이건 어디까지나 사적인 경우라고 할 수 있다.

　공적인 경우에는 어떨까? 우선 아무리 사소한 거짓말이라도 그것이 업무와 관련된다면 그 조직의 신뢰와 직결된다는 것은 두말할 필요가 없다. 그것은 자기 자신을 옭아매는 올가미가 될 것이다. 고의적인 것은 말할 것도 없고 의도하지 않은 거짓말이라 하더라도 결국 자신의 책임으로 돌아올 수밖에 없다. 업무를 하면서 잘못을 하거나 실수를 했을 때, 이를 가장 빠르고 효과적으로 수습하는 길은 사실대로 말하는 것이 최선이다. 그래야만 윗사람이나 동료가 수습할 수 있는 시간이라도 가질 수 있다. 당장의 곤란함을 피해 가려 한다면 그건 두고두고 화근이 될 수 있다. 또한 막상 털어놓고 보면 대단한 일이 아닌 경우가 대부분이다. 초동수사가 중요하듯이 초기대응이 가장 중요하다.

그런 점에서 공적인 경우에 '선의의 거짓말'이나 '하얀 거짓말'은 있을 수 없다고 보는 것이 옳다. 국가기밀이나 보안과는 별개의 문제다. 일상적인 업무에 있어서는 아무리 사소한 거짓말이라 하더라도 고객의 신뢰를 잃는 단초가 될 것이다. 따라서 '알 수 없다.', '알려 줄 수 없다.'고는 하더라도 사실 관계 자체를 왜곡하는 거짓말을 해서는 안 된다.

☞ 거짓말 탐지기

초등학교 3학년 때의 일이다. 고갯길을 넘어 다니던 그때 가끔은 평소 다니지 않던 길을 찾아나서는 재미가 있었다. 길이 아닌 산길을 다니기도 하고 이웃마을을 지나 먼 길을 돌아서 다니기도 했다. 아마도 산과 들이 놀이터이기도 했고 가끔은 뜻밖의 간식거리도 챙길 수 있었기 때문이다. 그럴 때는 조금 떨어져 있는 마을의 친구들 네 명과 주로 동행했다.

그해 늦은 봄이었다. 그날은 마골이라는 골짜기를 지나서 가기로 했다. 크게 깊은 골짜기는 아니었지만 꽤 큰 저수지가 있는 곳이다.

물이 깊고 산속에 있기 때문에 쉽게 목욕할 생각은 엄두도 낼 수 없는, 다소 무섭게 느껴지는 그런 저수지였다. 갑자기 한 친구가 못종을 빼보자고 제안했다.

못종은 시골 저수지의 수문과 같은 역할을 하는 것을 가리킨다. 정확한 명칭은 몰라 사투리로 흔히 못종이라고 부른다. 큰 나무의 속을 파낸 다음 그것을 묻어두고 어느 정도 간격으로 큰 구멍을 뚫어둔다. 물을 내려야 할 때 위에서부터 구멍을 막아놓은 막대를 뽑아내는데 그 막대를 바로 못종이라고 불렀다. 큰 피리를 묻어두고 구멍을 막아둔 그런 모양이다. 못종은 저수지의 수문과도 같은 역할을 하기에 저수지를 관리하는 데 있어서는 매우 중요하고 또 아무나 손을 댈 수 없는 것이다. 잘못 손을 대었다가는 자칫 한 해 농사를 망칠 수도 있기 때문이다. 겨울 내내 가두어 놓은 물을 필요할 때 최소한으로 조절해서 흘려보내야 한다.

그 못종을 빼자는 것은 우리로서는 상당히 대담한 일이었고 또 처음 해보는 일이었다. 다섯 명의 아이들은 갑자기 흥미가 돋았다. 그런데 그 못종은 밖에 드러나 있는 것이 아니라 물속에 잠겨있는 것이었다. 통상 하늘종이라고 하는 첫 번째 못종도 1m 정도는 물속에 잠겨있었다. 그러니 아이들이 그걸 뽑는다는 것이 쉽지는 않았다. 결국 합심하여 시도해보기로 했다.

가장 키가 큰 친구가 엎드려 손을 넣고 나머지는 그 친구의 허리를 감싸 안고 뒤에서 잡았다. 행여 물속에라도 들어가게 되면 큰일이다. 못종은 당연히 저수지 제방 한 가운데에 있고 그 제방은 경사가 아주 급하기 마련이다. 순식간에 물속으로 곤두박질칠 수 있는 일이다. 못쫑이 손에 잘 잡히지 않았다. 그 친구도, 그 친구를 잡고 있는 우리들도 용을 썼다. 그 순간 못쫑이 뽑혔고 콸콸 요란한 소리를 내며 물이 빠지기 시작했다. 말할 겨를도 생각할 틈도 없이 모두 뛰었다. 그리고는 한참을 산 위로 달렸다.

다음날 학교에 갔을 때, 난리가 났다. 범인으로 당장 우리가 지목되었고 우리는 곧장 불려나갔다. 어제 일로 학교 인근 마을의 어른들이 학교를 찾아왔고 선생님들에게 강력하게 항의를 했다는 것이다. 오랜 가뭄으로 물 한 방울이 귀한 때였다. 마을 어른들은 그 저수지의 물로 간신히 모내기라도 하기 위해 날짜를 고민하고 있었다고 했다. 그런 중에 난데없이 저수지의 물이 흘러내렸던 것이다. 부랴부랴 저수지로 달려간 어른들이 못쫑을 막았지만, 그전에 쏟아진 물은 아무런 대비를 못했으니 그냥 버린 물이 되었다. 재 너머에 사는 녀석들의 소행일거라고 짐작하는 데는 그리 오래 걸리지 않았고 등교하자마자 우리들이 딱 걸리게 된 것이다.

일이 너무 커져버렸다. 선생님의 불호령은 당연했다. 그러나 처음엔 두려운 나머지 버티기 시작했다. 본 사람이 없었으니 아니라고 잡아떼기로 한 것이다. 그때 선생님의 한마디가 청천벽력처럼 떨어졌다. 청송경찰서에서 거짓말탐지기를 가져오겠다고 했다. 처음부터 우리가 거짓말을 하고 있다는 걸 모를 리 없었을 것이다. 난생처음 들어본 거짓말탐지기라는 한마디에 우리는 바로 실토했다.

평소와는 달리 벌칙은 아주 심각했다. 복도에서 수업시간 내내 벌을 서고 반성문을 써야 했다. 물론 뺨을 맞은 건 기본이었다. 그러나 정작 그 다음이 문제였다. 내일 당장 부모님을 모시고 오라는 엄명이 내려졌다. 경찰서에, 거짓말탐지기 이야기까지 나왔으니 그렇게 하지 않을 방도가 없을 것 같았다.

　그러나 집에 돌아와서는 차마 입이 떨어지지 않았다. 당장 학교를 그만두라고 할지도 모를 일이었다. 그렇게까지 실망을 드리고 싶지는 않았는지도 모른다. 1년에 한 차례 있던 운동회를 제외하고는 거의 학교에 오신 적도, 선생님을 만난 적도 없는 부모님께 못쫑을 빼서 난리가 났다는 말씀은 차마 드릴 수 없었다. 다음날 부모님이 바빠서 오실 수 없다고 다시 거짓말을 했다. 선생님께서도 부모님께 말씀드리지 않았다는 걸 다 알고 계셨을 것이다. 물론 더 많은 벌을 받아야 했다. 그러나 그건 내가 감당할 일이었다. 그 일은 결국 그렇게 수습 아닌 수습이 되었다. 오가는 길에 갈라진 논을 보면서 얼마나 큰 잘못을 했는지 깨달았고 진심으로 반성도 했다. 봄철의 물 한 방울은 농사꾼의 땀 한 방울이나 다름없던 시절이었다. 우리들이 놀잇거리로 저지른 일중에는 가장 큰 사고였다.

8
칭찬은 오늘 하고 꾸중은 내일 한다

2012년 말, 직장인들을 대상으로 한 설문조사에 따르면 직장에서 가장 힘든 것은 '인간관계'라고 응답자의 48%가 답했다. 반면 가장 중요할 것 같았던 급여는 13%에 불과했다. 그만큼 사람과 사람의 관계를 잘 이루어 간다는 것이 어렵다는 의미일 것이다. 직장에서 이뤄지는 인간관계의 상당 부분은 말에서 비롯된다고 해도 지나치지 않을 것이다. "말 한마디가 천 냥 빚을 갚는다."는 속담이 아니더라도 충분히 짐작할 수 있다.

직장생활을 잘 할 수 있는 말의 습관 가운데 하나로 칭찬은 오늘 하고 꾸중은 내일하면 좋다고 생각한다. 혼낼 일이 있으면 즉시 혼내고 훌훌 털어버리는 것이 좋은 상사라고 말하기도 한다. 하지만 만에 하나 그것이 혼낼 일이 아니었다면 어떻게 되겠는가. 훌훌 털어버릴 수가 없을 것이다. 칭찬은 고래도 춤추게 한다고 한다. 마찬가지로 칭찬은 어떤 상사도, 어떤 부하도 박수치게 할 수 있다.

이는 공적인 인간관계에서만 해당되는 것이 아니다. 가족들 사이에도 크게 다르지 않다. 자녀에게 칭찬할 일이 있다면 그때그때 해주는 것이 좋다. 부부사이는 말할 것도 없다. 고마우면 고맙다고 말하고 사랑스러우면 사랑한다고 바로바로 말해야 한다. 행여 마음에 들지 않는 것이 있거나 잘못되었다고 느끼는 것이 있다면 다음 날 하루 정도는 참았다가 한다고 해서 나쁠 것이 없다. 잘못되었다는 나의 느낌이 오히려 잘못되었을 수도 있다는 것을 늘 생각해야 한다.

이처럼 칭찬에 인색하지 않은 사람은 그 자신이 더 행복할 수 있다. 맞은 사람은 다리를 뻗고 자도 때린 사람은 마음 편히 잘 수 없는 법이다.

☞ 일일삼성(一日三省)이 아니라 일일삼락(一日三樂)

일일삼성—日三省이라는 말이 있다. 잠자리에 들기 전에 그날 있었던 일 가운데 잘못했던 일 세 가지를 반성하라는 뜻이다. 하루를 되돌아보며 반성을 통해 그와 같은 잘못을 반복하지 않도록 하자는 것이다. 교육을 위해 이보다 더 필요한 일이 있을까? 진리라고 할 수 있다. 하지만 나는 일일삼성 대신에 일일삼락—日三樂을 말하고 싶다. 잠자리에 들기 전에 그날 있었던 세 가지 즐거운 일을 생각하자는 의미다. 만약에 매일 밤 잘못했던 일 세 가지를 생각하면 잠을 제대로 잘 수 있을까? 얼마나 불편한 마음으로 뒤척이게 될까? 오늘 그것만은 하지 말았어야 했는데 하는 후회가 막심할 수도 있다. 그것보다는 즐거운 마음으로 하루를 마감하고 편히 잠드는 것이 내일을 위해 도움이 되지 않을까? 그래서 오늘 있었던 세 가지 즐거운 일을 생각하자는 것이다. 어떤 직원을 칭찬했더니 정말 좋아했던 일, 어떤 직원의 업무를 도와주었더니 일이 훨씬 빨리 끝났다는 등 즐겁고 보람 있었던 일들을 기억하는 것이다. 그렇게 한다면 그날의 잠자리가 얼마나 행복하겠는가? 그리고 다음날 더 즐거운 마음으로 일터에 나갈 수 있을 것이다.

9
말은 기록으로 완성된다

"기억이 안 난다." 오래전 국회청문회가 처음으로 본격화되었을 때 크게 유행했던 말이다. 답변하기 곤란하면 무조건 기억나지 않는다고 답하던 때였다. 이때 "기억이 안 난다."는 과거의 잘못을 회피하기 위한 변명의 대명사가 되었다. 기억이 나는 데도 불구하고 의도적으로 거짓말을 하고 있다는 것이다.

그러한 경우가 아니라 정상적인 경우를 가정해보자. 전혀 회피하거나 거짓말을 할 의도가 없는 데도 정말 기억이 안 난다면 어떻게 할 것인가? 참으로 답답한 노릇이 아닐 수 없다. 충분히 그럴 수 있다. 우리의 일상생활에서도 수십 년, 아니 불과 몇 개월 전의 일도 기억이 가물가물할 때가 적지 않다. 더욱이 그 당시 무슨 말을 어떻게 했는지를 정확히 기억하기란 매우 어렵다.

공직자뿐만 아니라 많은 직장인들이 오랜 기간 일을 하다 보면 뜻하지 않는 어려움을 겪을 때가 많다. 설령 자신의 잘못이 아니더라도 감사를 받거나 증언을 해야 할 때도 적지 않다. 이때 가장 큰 문제는 그 당시의 상황을 정확히 알지 못한다는 것이다. 솔직하게 있는 그대로 진술하려고 해도 되지 않는 것이다. 그래서 해명한 것이 또 다른 거짓말을 한 것으로 오해를 받고 더 큰 문제가 되기도 한다.

이를 위해 가장 중요한 것은 자신이 한 말에 대한 기록이다. 특히 공식적으로 한 말이라면 단 몇 마디의 기록이라도 남겨야 한다. 그 당시에 기록한 몇 마디가 어떤 증인의 해명보다 더 신뢰를 줄 수 있기 때문이다. 또 그때의 기록을 보면 생각이 나지 않던 일들도 기억하게 될 것이다. 이는 말뿐만이 아니다. 자신이 했던 일들을 기록해 둔다면 매우 유용한 자료가 될 수 있다. 단순히 지난 일들을 추억하기 위한 것이 아니다. 자서전을 쓸 때도 기억에 의지하면 의도하든 의도하지 않았든 왜곡이 일어나기 쉽다. 바로 기억의 불확실성 때문이다.

그런 면에서 세계문화유산으로 등재된 조선왕조실록은 대단한 문화적 가치가 있다고 본다. 세계 어떤 나라를 보더라도 500여 년이 넘는 왕조의 역사를 일관된 형식에 따라 기록해 둔 예는 매우 드물다. 이러한 기록의 역사가 이제는 개개인이 기록하는 문화로 이어질 수 있으면 좋겠다.

☞ 연설문의 마지막 장이 없다

1991년 9월이었다. 대통령의 유엔총회 기조연설이 막 끝났을 때, 의

전과장이 전화를 했다. '연설문의 마지막 장이 없었다.'는 이야기였다. 그럴 리가 없다고 생각했다. 대통령께서 연설문을 읽기 전에 수없이 확인하기 때문이다. 연설하는 모습을 방송으로 볼 때도 전혀 이상하지 않았다.

어쨌든 최종적으로 낭독본을 준비해서 보고한 나의 책임이었다. 내가 아니라면 페이지를 확인하고 연대에 올려놓은 의전의 책임인가? 그런 생각을 하고 있는데 다시 전화가 왔다. 대통령께서 읽으신 낭독본을 다시 확인해 보니 이상이 없다는 것이다. 아마도 마지막에 두 장을 한꺼번에 넘기신 것 같다는 말이었다. 그날 연설의 낭독본은 수십 페이지가 넘었던 것으로 기억하고 있다.

그럼 연설의 마지막 부분은 어떻게 읽으신 걸까? 분명 원고 내용 그대로였기 때문이다. 여러 차례 낭독연습을 하면서 연설의 대부분을 기억했던 것 같았다. 그때의 마지막 부분은 다음과 같았다. "대한민국은 더욱 안락하고 행복한 세계, 진정 자유로운 세계, 그 무엇보다 평화로운 세계, 우리의 후손들이 축복으로 여길 내일의 세계를 만드는 데 선도적인 역할을 다할 것입니다. 감사합니다."

제3부

연설문이란?

1
연설의
의미

　　　　　　　　　　연설의 사전적 의미는 여러 사람 앞에서 자기의 주장이나 의견을 진술하는 것이다. 연설문은 연설할 내용을 적은 글이다. 이렇게 보면 공식적인 행사에서 하는 모든 말은 곧 연설이라고 할 수 있다. 그러나 대통령이 공식적인 자리에서 하는 말은 행사의 형식과 성격에 따라 '연설'과 '말씀'으로 구분한다. '말씀'은 회의나 간담회 등에서 비교적 자유롭게 말할 수 있도록 준비하는 자료다.

　이렇게 나눌 경우의 연설은 좀 더 좁은 의미라고 할 수 있다. 의전적인 격식을 갖추고 치러지는 행사에서 하는 경우가 많다. 흔히 공식적인 행사라고 보는 경우이며 3·1절 기념식, 광복절 경축식, 현충일 추념식 등 국가적인 기념일이 대표적인 사례라고 할 수 있다. 연대에 서서 말하는 경우가 '연설'이고 회의를 주재하는 자리에 앉아서 말하는 경우가 '말씀'이라고 쉽게 생각할 수도 있다.

　연설이 이뤄지는 행사는 국민의례부터 비교적 정해진 식순에 따라 진행된다. 이때는 연설도 사전에 준비한 원고를 낭독하게 된다. 준비한 연설문을 낭독할 때의 가장 큰 장점은 예정된 시간 안에 정제된 언어로 정확한 메시지를 전달할 수 있다는 점이다.

☞ 대한민국 대통령의 일본 국회연설

1990년 5월 24일부터 25일까지 노태우 대통령의 일본 공식방문이 있었다. 방문 이틀째인 25일 일본 국회 중의원과 참의원 합동회의에서 대한민국 대통령으로서 처음으로 연설하게 되었다. 나는 연설문 작업팀의 막내로 참여하고 있었다. 당시 일본 국민에게 생중계 되었던 이날 연설을 준비하는 일은 매우 어려운 작업이었다. 왜냐하면 이날 연설을 보는 우리 국민의 시각, 일본 국민의 시각 그리고 한일관계를 보는 국제사회의 시각이 각각 다르기 때문이었다. 통상 초청을 받아 방문을 하게 되면 그 나라에 대한 찬사와 감사의 표시가 외교의 관례이며 기본이라고 할 수 있지만 일본에 대해서는 그 자체가 결코 쉽지 않았다.

우선 일본에 대해 칭찬할 수 있는 것이 무엇일까? 그 가운데 하나가 전후 일본이 이룩한 자본주의와 민주주의의 발전을 들 수 있다. 이것을 우리나라의 발전상과 함께 기술하기로 했다. 시각에 따라 논란의 여지는 있지만 비교적 사실관계를 바탕으로 담담하게 풀어낼 수 있다고 보았다. 그래도 무언가 복선을 깔기로 했다. 그래서 찾아낸 것이 민주주의를 말하면서 한용운 선생의 시를 인용하기로 한 것이다. 민주주의를 이야기하지만 항일 독립운동가의 시를 인용해서 무언의 메시지를 전하고 싶었던 것이다. 그 당시에는 일본의 언론들도 무심코 지나쳤다. 하지만 몇 개월 후 일본의 어떤 학자가 왜 한용운의 시를 인용했는지에 대한 분석을 하여 책을 낸 적이 있었다. 전하고자 했던 무언의 메시지를 그들 스스로 찾아냈던 것이다. 그때의 연설내용은 다음과 같았다.

"2차 대전의 종전과 함께 한일 두 나라는 각각 새로운 국가를 건설하기 시작했습니다. 그로부터 많은 것이 변했습니다. 우리 두 국민은 많은 것을 변화시켰고 큰 성취를 이루었습니다. 일본 국민은 전쟁의 폐허 위에서 세계의 부러움을 사는 경제대국을 만들었습니다. 일본은 과학기술에서도 세계의 선두에 나서는 나라가 되었습니다. 일찍이 유럽에서 자라난 자본주의와 의회민주주의 정신이 이제 멀리 동방의 이곳 일본에서 꽃을 피우고 있습니다.

(중략)

나는 민주주의를 하는 것이 참으로 어렵더라는 체험을 의원 여러분께 솔직히 말씀드립니다. 만해 한용운 시인은 그의 시에서 '내가 당신을 사랑하는 것은 … 다른 사람은 나의 홍안, 나의 미소만을 사랑하지만 당신은 나의 백발마저 … 나의 눈물마저 사랑하기 때문'이라고 했습니다. 어두운 시대를 살았던 이 시인의 조국을 사랑하는 마음처럼 나는 민주주의도 미운 것마저 사랑하는 마음으로 뿌리내려 가야 한다고 믿습니다."

이와 함께 우리나라의 서울올림픽 성공을 6·25전쟁과 결부시켜 이야기하기로 했다. 세계의 젊은이들이 자유와 평화를 지키기 위해 함께 싸웠던 6·25전쟁에 관한 한 일본은 할 말이 없을 것이라고 보았기 때문이다. 그 대목은 다음과 같았다.

"우리 국민은 서울올림픽을 12년 만에 동서세계가 함께 모인 훌륭한 평화의 축제로 치렀습니다. 38년 전 20개국의 젊은이들이 총칼을 맞대고 피를 흘린 바로 그 분쟁의 땅에서 온 세계 젊은이들은 손에 손을 잡고 서로를 가르는 모든 벽을 넘어 화합의 한마당을 이루었습니다. 큰 시련을 딛고 일어서서 이룬 우리의 성취는 어두운 역사에 대한 값진 승리였습니다."

2
연설문은
역사의 기록이다

　　　　　　　　연설문, 특히 대통령의 연설문은 가장 정제된 언어로 기록한 역사라고 할 수 있다. 2005년 모스크바에서 열린 2차 세계대전 전승기념 60주년 행사에 노무현 대통령을 수행하게 되었다. 세계 60여 개국 정상들을 초청한 대규모 행사였다. 그날을 기념해서 여러 가지 행사를 하고 있었다. 그런데 한 가지 눈에 띄는 것이 있었다. 전승기념일에 나온 한 신문의 1면이었다. 그 신문은 1면 전체에 60년 전 그날, 2차 대전 승리를 기념하여 했었던 스탈린의 연설문을 그대로 실었다. 어떠한 부연설명도 없이 마치 그때 나온 신문처럼 보였다. 재미있는 아이디어라는 생각이 들었다. 아마도 그 연설이 2차 대전 승리에 대한 당시 소련의 입장과 국민의 감동을 가장 잘 반영하고 있다고 보았기 때문일 것이다. 이처럼 연설은 그 자체로서 소중한 역사가 되고 있다.
　　또한 대통령 연설문을 보면 시대의 변화, 정책의 변화를 읽을 수 있다. 그럼에도 연설문에 대한 우리의 관심은 크지 않은 편이다. 그것은 아마도 우리의 굴곡 많은 헌정사로 인해 대통령 연설문에 대해서도 국가 원수의 역사적 기록이라는 측면보다 정치적 편향성을 갖고 보기 때문이 아닐까 싶다.

　광복 이후 60여 년이 지난 지금 역대 대통령의 연설문은 방대한 자료로 남아 있다. 통일정책, 경제정책, 농업정책, 복지정책, 환경정책, 과학기술정책뿐만 아니라 사회문제를 보는 인식의 변화까지도 가늠해 볼 수 있는 귀중한 사료인 것이다. 이러한 역대 대통령의 연설문에 대한 분석과 연구가 보다 활발하게 이루어져 우리의 미래를 준비하는 데 도움이 될 수 있었으면 좋겠다. 지금 역대 대통령의 연설문은 대통령 기록관에서 정리하여 일반에 공개하고 있다.

　예를 들면 광복 이후 매년 있었던 대통령의 광복절 경축사만 보더라도 대북정책의 변화, 남북관계에 대한 인식, 한반도 주변정세의 변화에 대한 것을 알 수 있다. 6·25전쟁 이듬해인 1954년 제9주년 광복절부터 역대 대통령의 광복절 경축사 몇 대목을 살펴보면 다음과 같다.

☞ 광복절 경축사를 통해 본 대북정책의 변화

"지금 우리의 유일한 희망은 우리가 다 합동해서 압록강까지 다 밀고 올라가자는 것이며 이리하여 공산군을 우리 강토에서 몰아내자는 것입니다. 이것은 많은 희생도 요구하는 것이 아닌 것이니 이는 우리의 특별한 계획이 있어서 우리 계획을 알기만 하면 미국병법美國兵法에 능한 분들도 한국의 남북을 통일할 것을 믿는 사람은 협력할 줄 믿는 바입니다. 내가 가장 역설하는 바는 이 계획이 원자탄이나 수소탄의 세력을 이용치 않고도 된다는 것입니다. 만일에 유엔이 이 계획에 협력하지 않는다면 그제는 우리로 하여금 단독 행동할 것을 허락해달라는 것입니다. 이 허락만 있으면 우리 국군이 이 목적을 달성하겠는데 우방군인의 생명을 위태롭게 하지 않을 방책입니다." (1954년 8월 15일, 제9주년 광복절 경축사 - 이승만 대통령)

"조국의 통일은 반드시 평화적인 방법으로 이루어져야 한다는 것을 다시 한 번 강조하면서 우리가 지금까지 성실하게 추구해온 평화통일의 기본원칙을 명백히 천명하고자 합니다. 평화통일을 위한 우리의 기본원칙은 첫째, 한반도에 평화를 정착시켜야 한다. 이를 위해 상호불가침협정을 체결하여야 한다. 둘째, 남북 간에 상호 문호를 개방하고 신뢰를 회복해야 한다. 이를 위하여 남북대화를 성실히 진행시켜야 하며 다각적인 교류와 협력이 이루어져야 한다. 셋째, 이 바탕 위에서 공정한 선거 관리의 감시하에 토착인구 비례에 의한 남북한 자유총선거를 실시하여 통일을 이룬다." (1974년 8월 15일, 제29주년 광복절 경축사 - 박정희 대통령)

"우리는 우리의 힘으로 분단을 막지 못했지만, 통일은 우리 민족의 뜻에 따라 우리의 역량에 의해 자주적으로 이루어져야 합니다. 또한 우리의 통일은 전쟁이나 어느 일방에 의한 상대방의 전복을 통해 이루어질 수 없으며, 반드시 평화적으로 이루어져야 합니다. 통일된 조국은 6천만 민족성원 모두가 주인이 되며, 각자의 자유와 인권과 행복이 보장되는 민주국가여야 합니다. 따라서 통일은 어디까지나 민족자결의 정신에 따라 자주적으로, 무력행사에 의거하지 않고 평화적으로 그리고 민족대단결을 도모하고 민주적으로 실현되어야 합니다.

(중략)

남과 북은 통일을 이루는 중간단계로 우선 서로가 서로를 인정하는 바탕 위에서 공존공영하면서 개방과 교류, 협력을 통하여 민족공동체를 회복·발전시켜 나가야 합니다. 남과 북이 이렇게 하나의 사회적·문화적·경제적 공동체를 이루어 나가면서 정치적 통합의 여건을 성숙시켜 하나의 나라를 이루는 통일을 달성해야 할 것입니다." (1989년 8월 15일, 제44주년 광복절 경축사 - 노태우 대통령)

"남북 간의 화해 분위기를 위배하는 상호비방은 중지되어야 하며, 군사적 대결을 종식시킬 수 있는 군사적 신뢰구축이 하루속히 이루어져야 합니다. 우리는 언제 어디서나 대화의 문을 활짝 열어놓고 있습니다. 북한은 세계 속으로 나와야 합니다. 우리는 결코 북한의 고립을 원하지 않습니다. 또한 북한이 핵 활동의 투명성을 보장한다면 북한이 경수로 건설을 비롯한 평화적 핵에너지의 개발에 우리의 자본과 기술을 지원할 용의가 있습니다." (1994년 8월 15일, 제49주년 광복절 경축사 - 김영삼 대통령)

"두 달 전 우리는 분단 55년 만에 최초로 남북정상회담을 성사시켰습니다. 남과 북의 정상이 만나서 머리를 맞대고 민족의 화해와 협력 그리고 평화적 통일을 위해 노력해 나갈 것을 7천만 민족과 세계

앞에 선포했습니다. 우리 민족 스스로 민족의 운명을 개척해 나가는 6·15 남북공동선언이야말로 오늘의 광복절에 대한 최대의 선물이 될 것이라고 저는 확신하는 바입니다. 남과 북은 지금 두 정상의 합의에 따라 이산가족 상봉과 장관급 회담 등 후속조치들을 착실히 진행시키고 있습니다. 이러한 진전은 앞으로 더욱 가속화될 것입니다.

(중략)

남북 간의 화해·협력이 또 하나의 시대적 소명입니다. 그것은 우리 민족의 생존과 평화와 번영을 기약하는 데 절대 필요한 전제조건입니다. 적화통일도 흡수통일도 전쟁과 파멸을 가져올 것입니다. 평화공존, 평화교류 속에 남북이 손잡고 민족의 앞날을 열어 나가야 합니다." (2000년 8월 15일, 제55주년 광복절 경축사 - 김대중 대통령)

"북핵 문제는 반드시 평화적으로 그리고 조속히 해결되어야 합니다. 우리는 북핵 문제가 해결되면 북한의 개혁·개방을 지원하기 위한 포괄적이고도 구체적인 계획이 있음을 이미 밝혔습니다. 이제 북한 당국이 결단을 내려야할 단계입니다. 그래서 7천만 겨레가 함께 손잡고 평화와 공영의 길을 열어가야 합니다. 이와 함께 우리와 북한 그리고 미·일·중·러가 참여한 6자회담의 소중한 경험을 살려 동북아시아의 평화와 번영을 위한 새로운 협력의 틀을 발전시켜 나갈 수 있을 것입니다." (2004년 8월 15일, 제59주년 광복절 경축사 - 노무현 대통령)

ID# 3
낭독본이란?

　　　　　　　　　　　연설 원고가 완성되면 연설하는 분이 행사장에서 실제로 낭독할 원고를 다시 만드는데 이를 '낭독본'이라고 한다. 작은 글씨로 되어 있는 원고 형태로는 읽기도 불편하고 청중들을 보면서, 또 방송중계를 의식하면서 원고를 읽는 일이 생각처럼 쉽지는 않기 때문에 낭독본을 만든다. 낭독본은 통상 글자의 크기는 키우고 용지의 크기는 줄인 것으로 준비한다. 별도의 용지를 사전에 준비해 둔 경우가 많았다. 이 낭독본도 시대에 따라 변해왔다.

　5공화국 때까지 낭독본은 붓으로 썼다. 서예가들이 쓰는 것처럼 붓으로 세로쓰기를 했던 것이다. 그래서 낭독본을 전담해서 쓰는 직원이 따로 있었다. 그러다가 6공화국이 되면서 사인펜으로 바뀌게 된다. 직선으로 선출된 노태우 대통령이 선거유세를 할 때 사인펜으로 쓴 연설원고를 사용했기 때문이다. 그것이 눈에 익었기 때문에 대통령에 취임한 이후에도 낭독본은 사인펜으로 가로쓰기를 하게 됐다. 이때는 사인펜 낭독본을 전담하는 사람이 외부에 있었다. 따라서 원고가 완성될 즈음에 청와대에 와서 대기하고 있다가 낭독본을 작성했다. 해외순방을 준비하는 경우에는 이 낭독본을 쓰기 위해 야근하는 경우가 부지기수였다.

시간이 지나면서 사인펜이 없어지고 마침내 낭독본도 컴퓨터를 사용하게 된다. 다만 이때의 어려움은 용지의 두께가 문제가 되었다. 글자 크기는 마음대로 키울 수 있었으나 그때만 해도 프린터가 두꺼운 용지를 배출하지 못했기 때문이다. 그래서 글자를 키워서 보통의 용지에 출력한 다음 다시 일반 복사기에서 두꺼운 용지로 복사해서 사용하기도 했다. 그때 청와대에 있던 많은 복사기를 고장 낸 적이 있다. 두꺼운 용지를 넣고 복사를 하고 나면 그 복사기는 평소에 보통의 용지를 넣고 복사할 때 한꺼번에 3~4장이 출력되었기 때문이다. 그래서 낭독본 원고가 완성되면 새로 들어온 복사기를 찾아다니면서 출력했었다. 밤마다 새 복사기를 고장 낸 것이다. 프린터 기술이 발전하면서 두꺼운 용지의 출력이 자유롭게 되면서 이러한 번거로움도 상당 부분 해소되었다.

☞ "대통령 질문까지 미리 알려줍니까?"

지나치면 모자람만 못하다는 과유불급過猶不及이라는 말이 있다. 윗사람을 모시는 일도 마찬가지다. 6공화국 당시 대통령 말씀자료를 만들 때의 일이다. 연두 업무보고처럼 대규모 회의를 주재하는 경우에는 시나리오처럼 상세히 준비하게 된다. 가벼운 인사말에서부터 구체적인 지시사항까지 정리한다. 보고를 받으면서 대통령이 물어볼 질문사항까지 준비한다. 이를 '하문사항下問事項'이라고 불렀다. 물론 그대로 한다는 뜻이 아니라 참고로 활용하시라는 것이다.

한번은 어떤 지방 기관의 업무보고를 받고 서울로 돌아오는 길에 대통령이 참모들에게 역정을 냈다. "비서실에서는 대통령이 질문할 내용까지 미리 다 알려줍니까?" 업무보고를 할 때 대통령이 무엇을 질문할 것인지는 보고자의 입장에서는 매우 중요했다. 그래서 종종 비서실에서는 대통령의 질문사항을 정리해드리면서 이를 보고기관에 알려주어 미리 대비하도록 했던 것이다. 그런데 이날 업무보고에서는 표가 나도 너무 났다. 관련 기관장들이 대통령의 질문에 기다렸다는 듯이 청산유수처럼 준비된 답변원고를 읽은 것이다.

이를 계기로 질문사항을 준비는 하되, 관련 비서실에서는 관여하지 말고 공보비서실에서만 하라는 지시가 내려왔다. 이때부터 대통령 질문사항 취재경쟁이 벌어지게 되었다. 윗사람을 지극정성으로 모신다는 것이 어쩌면 자신들의 편의를 위한 일인지도 모를 일이다.

4
연설을
잘하려면

　　　　　　　　　　사람들은 누구나 연설을 잘하고
싶어 한다. 그래서 대중들의 심금을 울리는 명연설에 대한 환상을
갖고 있다. 화술, 말, 스피치, 이미지 등등의 제목으로 수많은 책들
이 나오고 있는 것도 바로 이 때문이다. 더욱이 연설이 리더가 갖추
어야 할 유용한 덕목으로 인식되면서 더 큰 관심을 갖게 되었다.
　실제로 이러한 책들은 많은 도움이 될 수 있다. 그러나 대부분 연
설의 내용보다는 이미지를 바꾸고 포장하는 방식에 집중되어 있다
는 점이 아쉽다. 물론 다른 사람들에게 보이는 이미지도 중요하다.
제품의 디자인이 때로는 그 제품의 기능보다 더 중요해지는 시대이
기도 하다.
　그래도 핵심은 역시 내용이다. 콘텐츠라고 할 수 있다. 특히 정부
당국자처럼 책임 있는 위치에 있는 사람이 공식적인 자리에서 하는
연설은 더더욱 그렇다.
　이러한 공식적인 연설은 어떻게 준비해야 하는가? 그건 바로 연

설할 내용을 어떻게 정리하느냐에 달려 있다. 연설의 포장술이 아니라 연설에 담겨 있는 내용이 관건인 것이다. 그것이 '책임'과 '신뢰'의 문제와 직결되는 것이며 그래야만 설득력을 가질 수 있고 공감을 얻을 수 있다.

연설은 무엇보다 학습과 훈련이 필요한 일이다. 그렇다면 가장 효과적인 학습법을 찾아야 한다. 그것이 바로 연설문을 직접 쓰는 일이다. 연설문을 써보는 것 이상의 훈련법은 없을 것이라고 생각한다.

그렇지만 이러한 연설문을 어떻게 쓰느냐에 대한 기본적인 지침서 또한 찾아보기가 쉽지 않다. 최근 국민의 정부와 참여정부에서 대통령 연설문 작성을 책임지고 있었던 강원국 연설비서관이 저술한『대통령의 글쓰기』라는 책이 베스트셀러가 되며 큰 화제가 된 적이 있다. 그만큼 연설문 쓰기는 어려운 일이라고 볼 수 있을 것이다.

☞ 무산된 첫 남북정상회담

1994년 6월, 김영삼 대통령과 김일성 주석의 남북정상회담이 합의되었다. 그해 2월 25일, 대통령은 취임 1주년 기자회견에서 핵문제와 관계없이 남북정상회담을 추진하겠다고 말했다. 6월 16일과 17일, 김일성은 평양을 방문한 카터 미국 전 대통령에게 남북정상회담 의사를 밝힌다. 6월 18일, 대통령은 이 제의를 수락하면서 역사적인 첫 남북정상회담이 성사되게 되었다.

세계적인 뉴스가 되었다. 남북정상회담이 열린다는 것만으로도 큰 기대를 모았다. 청와대와 정부 전체가 회담준비에 들어갔다. 방북일정에서부터 회담의제에 이르기까지 준비할 것이 한두 가지가 아니었다.

연설문 작업도 바빠지기 시작했다. 정상회담을 위해 평양으로 가기에 앞서 국민들에게 인사를 하는 것이 가장 먼저 준비해야 할 원고였다. 인사말씀의 형식부터 통상적인 해외순방과는 다를 수밖에 없었다. 1안) 청와대 본관 앞에서 인사말씀을 하는 방안, 2안) 판문점 군사분계선을 넘기 직전에 수행한 기자단 앞에서 소감을 밝히는 방안 등을 두고 고심했다.

그런 가운데 방북 출발성명 초안 등을 준비했지만 안타깝게도 회담을 얼마 남기지 않고 김일성 주석이 사망하여 이 모든 일들이 무산되었다. 그때 작성한 '방북 출발성명' 초안은 보고도 하지 못한 채 서랍 속에 묻어두어야 했다. 아마 회담이 진행되었다면 이 초안은 상당 부분 수정, 보완되었을 것이다. 그때 쓴 방북출발성명 초안은 다음과 같다.

"나는 오늘 남북정상회담을 하기 위해 북한을 방문합니다. 반세기 가까운 민족분단이 가져온 엄청난 고통을 마감하기 위한 것입니다. 이번 방북은 지난 반세기의 비극을 되짚기 위한 것이 아닙니다. 앞으로의 반세기를 내다보며 겨레의 내일을 설계하기 위한 것입니다.

나는 지금 이 순간 대도무문大道無門의 참뜻을 다시 한 번 새깁니다. 우리 맥박을 타고 면면히 이어져온 5천 년 민족사를 생각하며 7

천만 겨레의 장래를 생각합니다. 무엇보다 한반도에 항구적인 평화와 안정의 굳건한 토대를 쌓는 일이 중요합니다. 이러한 바탕 위에 신뢰의 폭은 깊고 넓게 열릴 것입니다.

남북정상이 만나 서로의 진정한 뜻을 확인하는 일만으로도 우리 민족사에 엄청난 변화를 예고하는 일입니다. 구한말 이후 세계의 흐름에 이끌려온 우리의 피동적인 민족사를 청산하는 첫걸음이 될 것입니다. 얼어붙은 한반도에 화해의 봄기운이 찾아올 때 20세기를 얼룩지게해온 냉전체제는 그 종지부를 찍게 될 것입니다. 한반도의 허리를 잘라온 철조망이 걷어질 때 세계에 진정한 평화가 찾아올 것입니다. 나라를 가르고 민족을 갈라온 이념대결의 사슬은 끊어질 것입니다.

국민 여러분,

이번 정상회담의 승리자는 이미 정해져 있습니다. 남한도 북한도 아닌 한민족 모두가 승리자입니다. 어느 일방이 이기고 지는 회담은 진정 성공한 회담이라고 할 수 없습니다. 우리 다함께 이기는 길을 찾아야 합니다. 이 땅 위에 우리 겨레가 함께 나아갈 새로운 이정표를 세우도록 최선을 다하겠습니다. 남북의 자라나는 다음 세대가 그 이정표를 따라 어떤 두려움도 망설임도 없이 다 함께 손잡고 미래로 세계로 나갈 수 있게 되기를 기원합니다."

5
연설문 작성의 핵심

연설문을 작성할 때 가장 먼저 생각해야 할 핵심은 1) 누가 연설을 하는가, 2) 누가 연설을 듣는가, 3) 왜 연설을 하는가에 있다.

먼저 연설하는 사람이 누구냐가 가장 중요하다. 연설문을 쓰는 스피치 라이터는 어느 한 분야의 전문가라고 보기 어렵다. 그럼에도 경제, 외교, 안보 등 각 분야의 전문가들이 써온 연설문을 수정할 수 있을까? 많은 사람들은 글을 잘 쓰기 때문이라고 생각한다. 물론 전혀 일리가 없는 것은 아니다. 같은 말이라도 좀 더 설득력 있게 쓸 수는 있다. 그러나 그것이 전부는 아니다.

연설하는 사람의 시각에서 보기 때문이다. 같은 주제라도 대통령의 연설과 장관의 연설은 다를 수밖에 없다. 그래서 연설하는 사람의 시각에서 그 사람의 생각을 정리해야 한다. 그것이 가장 큰 차이라고 할 수 있다. 그 연설을 누가 하느냐가 그만큼 중요한 것이다. 연설하는 사람에 맞는 연설문이 되어야 한다. 누구에게도 잘 어울리는 명연설문은 없다고 할 수 있다.

버락 오바마 미국 대통령은 탁월한 연설 능력이 있다는 평가를 받는다. 그럼 그의 연설 비결은 무엇일까? 바로 '오바마의 연설'을 하기 때문이다. 2004년 7월 28일, 미국 민주당 전당대회에서의 연설로 그는 전국적인 인물이 된다. 그날 전당대회 연설은 '우리는 하나의 국민입니다.'를 주제로 변화, 희망, 통합을 이야기했다. 누구나 할 수 있는 메시지다. 그러나 연설의 상당 부분이 오바마 자신의 이야기였기 때문에 엄청난 공감을 일으킬 수 있었다.

그의 가족사는 미국의 현대사가 갖고 있는 여러 가지 문제점들을 압축해 놓은 것이라고 할 수 있을 정도로 복잡했다. 그러한 어려움을 극복하고 일어선 그가 미국의 희망, 미국인의 꿈, 미국인의 단합을 이야기했다. 이런 이야기를 대부분의 미국 지도자들이 했을 것이다. 그럼에도 불구하고 미국이 안고 있던 문제들을 스스로 극복한 오바마가 했기 때문에 사람들이 감동한 것이다.

다음으로 연설을 듣는 사람이 누구인가에 연설문을 어떻게 써야 할지에 대한 주요한 단서가 있다. 어떤 사람들이 무엇을 하기 위해 어디에 모이게 되었는지를 알아야 한다. 듣는 사람을 먼저 알아야 한다는 것이다. 쉽게 생각하면 남성과 여성, 청년과 노인, 내국인과 외국인인지를 파악해야 한다. 청중에 따라 연설이 달라야 하는 것이다.

한때 어린이들이 읽는 위인전을 보고 크게 실망한 적이 있다. 어른들이 보는 위인전을 단순히 줄여놓았기 때문이다. 300페이지를 30페이지로 줄인다고 어린이들이 읽을 수 있는 것은 아니다. 성인들도 이해하기 어려운 용어들을 아이들이 어떻게 볼 수 있겠는가? 어린이들이 보는 위인전은 그들에 맞게 다시 써야 한다. 물론 지금은 다양한 형태로 어린이들을 위한 위인전들이 나오고 있는 듯하다.

마지막으로 왜 연설을 하느냐는 것이다. 연설문을 준비하다 보면 역시 내용이 가장 고민이다. 메시지가 없다는 말도 자주 듣게 된다. 그렇다면 메시지는 어디에서 찾아야 하는가? 결론부터 말하면 그 행사에 답이 있다. 왜 연설을 해야 하는지를 생각해야 한다. 담화문이나 발표문 등은 메시지가 먼저 정해지는 경우라고 할 수 있다. 이런 경우에는 그 이유와 목적을 가장 명확하게 전달하는 데 초점을 맞추면 될 것이다.

반대로 행사가 먼저 정해지는 경우도 적지 않다. 오히려 그런 경우가 더 많다. 무조건 참석해서 축사를 해야 할 때 무슨 말을 할까 고민하게 된다. 행사의 성격과 연설하는 사람의 관계에서부터 실마리를 찾아야 한다. 단순히 격려를 하는 자리인지, 정책을 설명해주는 자리인지, 어떤 사안에 대해 협조를 구하는 자리인지를 보면 답을 찾을 수가 있을 것이다.

☞ 한·소 정상회담 만찬사가 유출되었다

1991년 4월 20일, 제주에서 열리는 한·소 정상회담을 지원하기 위해 출장을 갔다. 한국과 소련의 정상이 세 번째 만나는 그때 정상회담은 국내외적으로 많은 관심을 끌었다. 1990년 6월 4일, 미국 샌프란

시스코에서 노태우 대통령과 미하일 고르바초프 소련 대통령의 첫 번째 정상회담이 열렸고 그해 9월에 두 나라는 외교관계를 수립했다. 그리고 석 달 뒤인 12월 13일부터 17일까지 노태우 대통령의 소련방문이 이뤄졌다. 이미 1989년 2월에 헝가리, 11월에 폴란드, 12월에 유고슬라비아와 외교관계를 수립했다.

세 번째 정상회담이 갖는 의미는 소련 대통령이 한국을 방문한다는 데 있었다. 회담 장소는 유채꽃이 한창이던 제주의 중문단지에 있는 신라호텔로 정해졌다. 소련 대통령은 4월 19일, 일본 방문을 마치고 제주로 오도록 되어 있었다. 그때 일정 가운데 공식 환영만찬 행사가 있었기에 만찬사가 필요했다. 물론 만찬사는 사전에 준비했고 취재진들에게 나누어줄 인쇄본까지 챙겨 신라호텔의 프레스센터 임시 사무실에 보관하고 있었다.

그런데 만찬 예정시간인 저녁 7시가 될 때까지 소련 대통령이 도착하지 않았다. 일본에서의 일정이 예정보다 늦게 끝나는 바람에 제주도 도착이 늦어진다는 것이었다. 당시 소련 대통령의 해외순방에 흔히 있었던 일이다. 그 이전해 샌프란시스코에서 있었던 첫 번째 정상회담 때에도 약속된 시간보다 1시간 이상 늦었던 적이 있었다. 만찬장은 모든 준비를 마친 상태였고 행사에 참석할 인사들도 모두 도착해서 기다리고 있었다.

저녁 7시 무렵, 뜻밖의 소식이 서울에서 왔다. 한 언론사의 20일자 조간신문 가판에 만찬사 내용이 보도되었다는 것이다. 당시에는 주요 신문들의 가판이 전날 저녁에 서울을 중심으로 배포되었고 모든 정부 기관들이 그 가판 기사들을 모니터링 할 때였다. 부랴부랴 팩스로 기사를 받아 본 나는 깜짝 놀랄 수밖에 없었다. 그냥 추측기사가 아니라 만찬사의 주요 구절들을 줄줄이 인용해서 대문짝만하게 기사가 났던 것이다. 아직 만찬을 할 소련 대통령은 도착도 하지 않은 상태였고 만찬사는 당연히 배포되지 않았던 시간이었다. 통상 그러한 연설문은 사전에 배포를 하지만 행사의 비중을 고려해서 그때는 행사시간에 맞춰 배포하기로 하고 기다리고 있었던 것이다.

비상이 걸린 건 당연했다. 다른 언론사의 항의도 빗발쳤다. 어찌된 일일까? 당시에는 연설문 담당자가 보도 자료까지 일괄해서 관리하고 있었다. 그것이 혼선을 막을 수 있고 보안도 비교적 유지하기 쉬웠기 때문이었다.

그때 그 기사를 보도한 신문사 이름에 눈이 번쩍 띄었다. 사실은 그날 오후 3시 무렵 그 신문사 출입기자가 나를 찾아와 만찬사를 잠깐만 보여 달라고 했다. 차마 가지고 있는 연설문을 없다고는 할 수 없었고 행사 때까지 보안이기 때문에 보여줄 수 없다고 했다. 평소에도 늘 다정다감했던 그 기자는 "역사적인 이번 정상회담의 의미를 정리하려고 하는 데 잘 안 된다, 잠깐 참고만 하겠다."고 했다. 인쇄한 연설문을 보관하고 있다는 것은 이미 알고 있는 일이었고 만찬 예정시간도 얼마 남지 않은 상태였다. 그래서 말 그대로 2~3분 정도, 정말 잠깐만 보여주었다.

어려울 때, 급할 때는 다른 방법이 없다. 사실 그대로 보고하는 게 그나마 최선이라고 생각했다. 그래서 공보수석께 자초지종을 설명하면서 '제 잘못'이라고 보고했다. 보고를 받은 공보수석은 "이미 나갔는데 어쩌겠느냐."고 한마디만 했다. 정말 고개를 들 수 없었다.

그런데 더 이상한 일은 그 다음에 벌어졌다. 소련 대통령은 저녁 9시 40분이 되어서야 제주국제공항에 도착했다. 그리고 신라호텔에 도착해서 만찬을 하기 전에 양국 정상이 10분 정도의 환담시간을 가졌다. 10여 평 정도의 크지 않은 방에서 두 분이 만났고 나도 가까이서 소련 대통령을 볼 수 있었다.

그리고 11시 30분이 되어서야 환영만찬이 시작되었다. 만찬에서 노 대통령은 뜻밖에도 시간이 너무 늦었기 때문에 준비된 원고가 아니라 몇 마디만 하겠다고 만찬사를 즉석연설로 하기 시작했다. 노 대통령은 사전에 연설 원고를 꼼꼼히 보면서 준비하는 타입이었다. 행사장에서 그 원고가 아닌 즉석연설을 하는 경우는 매우 드물었다. 특히 외교행사에서 그런 경우는 상상하기 어려운 일이었다. "제주도에는 갓 결혼한 신혼부부가 많이 찾아옵니다. 오늘 우리는 귀한 신혼부부를 맞는 마음으로 저녁을 준비했습니다."는 내용으로 만찬사를 했다.

나중에 노 대통령은 당시 상황에 대해 "고르바초프는 일본 방문 기간에 북방 도서 4개 문제를 비롯해 양국 간의 현안이 뜻대로 풀리지 않은 탓인지 기진맥진해 있었다. 그는 기분이 대단히 언짢아 보였다. 나는 측은하다는 생각이 들어 두 내외를 위로하기 위해 애썼다."고 했다. 그래서 만찬에 앞서 있었던 환담에서도 "일본에서의 일은 잊어버리시고 신혼여행을 왔다고 생각하십시오. 제가 두 분을 위해 방을 하나 꾸며놓았으니 다 잊어버리고 우리 부부와 저녁식사를 한 뒤 푹 쉬십시오. 제가 지금 당장 위로해 줄 일은 이것밖에 없습니다."라고 말했다는 것이다.(『노태우 회고록』 하 권)

제4부

연설문을 편하게 쓰는 법

1
시간을
계산한다

쓰기 전에 분량을 정하라

연설문을 쓰기 시작할 때 가장 먼저 해야 할 일은 연설의 시간을 정하는 것이다. 연설의 시간에 따라 연설문의 분량이 정해지기 때문이다. 그럼에도 대부분 시간의 중요성을 잘 이해하지 못하고 있다. 왜 시간이 중요한가? 건물을 지을 때도 어느 정도의 높이로, 어느 정도의 규모로 지을 지가 제일 먼저 생각해야 할 것이다. 5층짜리 건물과 10층짜리 건물은 설계와 건축 과정이 전혀 다를 것이다. 운동경기도 마찬가지다. 수영이나 육상에서 거리에 따라 선수들의 주법이나 속도가 달라지는 것은 당연하다. 100m를 달리는 선수와 1,000m, 10,000m를 달리는 선수의 경기방식이 다를 수밖에 없는 것이다.

더욱이 보이지 않는 말로 하는 연설의 경우에는 이보다 더 정밀한 준비가 필요하다고 볼 수 있다. 따라서 연설의 시간 배분에 실패

한다면 그것은 아예 연설의 기본적인 준비마저 안 되어 있다고 할 수 있다. 이때 시간은 아주 구체적이고 정확해야 한다. 우리들은 통상 어떤 행사를 준비할 때 연설 시간을 5~10분 이렇게 잡는 경우를 보게 된다. 이처럼 대충하는 것은 하지 않는 것만 못하다. 우리들은 평소의 말 습관으로 볼 때 5분과 10분의 차이를 크게 느끼지 못하고 있다. 하지만 사전에 준비된 원고로 연설을 할 때 5분과 10분은 엄청난 차이가 난다.

대통령 연설의 경우 일반적인 행사나 기념식인 경우 10분을 넘지 않는다. 연초에 하는 그해의 국정운영방향을 밝히는 신년연설, 국회 본회의에서 이뤄지는 국정연설, 광복절 경축사 등은 15분에서 길게는 50분까지 하게 된다. 현충일, 국군의 날 등 주요한 기념식의 경우에도 대부분 7분 내외로 시간을 잡는다. 국무총리가 참석하는 행사의 축사는 5분 내외가 보통이다. 이처럼 사전에 준비된 연설은 5분도 상당히 긴 시간이라는 인식을 가져야 한다. 5분이면 하고 싶은 이야기를 충분히 소화할 수 있다는 뜻이다.

발언시간을 가장 엄격하게 제한하고 있는 곳은 국회라고 할 수 있다. 국회 본회의, 상임위원회 회의, 청문위원회 회의 등을 방송으로 중계하는 경우가 많다. 이때 우리는 "발언시간을 초과하여 마이크가 자동으로 꺼진 상태입니다."라는 자막을 종종 보게 된다. 정해진 발언시간이 지나면 마이크가 자동으로 꺼지도록 시스템이 되어 있기 때문이다. 이러한 국회의 발언시간은 국회법에 규정되어 있다.

"제60조(위원의 발언) ①위원은 위원회에서 동일의제에 대하여 횟

수 및 시간 등에 제한 없이 발언할 수 있다. 다만 위원장은 발언을 원하는 위원이 2인 이상일 경우에는 간사와 협의하여 15분의 범위 안에서 각 위원의 첫 번째 발언시간을 균등하게 정하여 한다. 제122조의 2(정부에 대한 질문) ②대정부질문은 일문일답의 방식으로 하되, 의원의 질문시간은 20분을 초과할 수 없다. 이 경우 질문시간에는 답변시간이 포함되지 아니한다."

이러한 규정안에서 국회는 통상 여야 간의 합의를 통해 발언시간을 사전에 정한 다음 회의를 진행하고 있다. 통상 본회의 질의는 15분, 상임위원회 질의는 7분 정도로 운영되고 있다.

1분에 360자

연설을 할 때 이처럼 시간의 제한을 두는 것은 청중들의 입장도 고려한 조치이기도 하다. 청중들이 집중해서 들을 수 있는 시간은 그리 길지 않다. KBS의 대표적인 예능프로그램이라고 할 수 있는 개그콘서트는 보통 100분 방송에 14개 정도의 코너로 구성되어 있다. 하나의 코너가 4분에서 9분 정도로 10분을 넘기지 않는다. 이는 아무리 재미있는 소재라 하더라도 10분 이상 길어지면 시청자들의 주목을 받기는 어렵다고 보기 때문일 것이다. 개그콘서트가 이러한데 연설에 대한 집중도는 말할 필요도 없을 것이다.

그럼 연설문을 쓸 때 시간은 어떻게 계산하는가? 우리는 통상 눈으로 대충 읽어보거나 몇 페이지인지를 보고 가늠한다. 좀 더 공을

들이면 소리 내어 읽어보는 것으로 시간을 계산하곤 한다. 훨씬 더 쉬운 방법이 있다. 보통사람들은 연대에 서서 말을 할 때 1분에 360자 정도를 소화한다. 10분 간 연설을 한다면 3,600자를 소화한다는 계산이 나온다. 물론 남녀에 따라, 행사의 규모에 따라, 연설하는 사람에 따라 다소 차이는 나게 된다. 늦으면 320자에서 빠르면 400자까지 소화하는 경우도 있다. 그렇기 때문에 연설문을 쓸 때는 연설하는 사람의 속도를 가늠하여 계산해야 한다. 평균적으로 360자를 1분에 읽는다고 보면 크게 다르지 않다는 의미다.

이러한 분량을 생각해서 3분, 5분, 7분, 10분 분량의 연설문을 준비해야 한다. 3분도 짧은 시간은 아니다. 그냥 말할 때는 모르지만 글로 정리해보면 적은 분량이 아니라는 것을 알 수 있다.

이처럼 시간을 먼저 정하는 것은 연설문이 아닌 다른 글을 쓸 때도 적용하면 훨씬 글쓰기가 쉬워진다. 대학입시에서 논술시험을 볼 때, 기업의 입사지원서에 자기소개서를 쓸 때도 대부분 원고의 분량이 정해져 있다. 따라서 공식적인 말을 할 때나 글을 쓸 때 가장 먼저 시간을 염두에 두고 준비하는 습관은 매우 중요하다. 말을 잘 하고 싶다면 또 글을 잘 쓰고 싶다면 시간 관리부터 해야 한다.

☞ 드릴 말씀은 많으나 시간이 부족해서?

우리는 여러 행사에서 "드릴 말씀은 많으나 시간이 부족해서 이만 줄인다.", "준비한 것은 많은데 시간이 없어서 무척 아쉽다."는 등의 이야기를 자주 듣게 된다. 그것은 작은 친목모임에서 대규모 행사에 이르기까지 크게 다르지 않다. 전문가들이 모인 세미나나 토론회 등에서도 흔히 볼 수 있는 일이다. 고위공직자들이 참여하는 워크숍의 분임토론 발표의 경우에도 대부분 마찬가지다. 심지어 정해놓은 시간을 넘기는 것이 흔히 있을 수 있는 일이라고 여긴다.

왜 이런 일이 일어날까? 왜 시간이 부족할까?

그것은 시간이 문제가 아니라 준비의 문제다. 준비를 잘못한 것이다. '준비하는 분량'과 '정해진 시간'을 별개로 생각하는 것 같다. 대부분의 사람들은 약속된 시간이 아니라 자신이 하고 싶은 이야기에만 집중하는 경향이 있다. 자료만 충분히 준비하는 것이 최선이라고 여기는 것이다. 그리고 발표는 시간에 맞추어 하면 된다고 안일하게 생각한다. 그러나 그것이 생각처럼 될 리가 없다. 말은 꼬리에 꼬리를 문다는 말처럼 말의 습관으로 자신도 모르는 사이에 시간을 낭비하게 된다. 물론 실제로 준비한 양이 지나치게 많아서 도저히 배정된 시간에 소화할 수 없는 경우도 있다. 어떤 경우이든 준비를 잘못한 결과다. 자신의 말솜씨를 믿지 말고 자신이 준비한 자료를 믿어야 한다. 배정된 시간에 소화할 수 있는 분량, 오히려 조금은 시간의 여유를 가질 수 있는 정도의 자료를 준비해야 실수를 줄일 수 있다.

공직사회를 비롯한 직장인들의 보고에서도 이런 일은 흔히 볼 수 있다. 10페이지에 달하는 보고서라면 이를 보고 받는 사람이 눈으로 읽는 데는 불과 2~3분이면 충분하다. 그럼에도 보고자는 처음부터 일일이 설명하는 경우가 많다. 이때 보고를 받는 사람은 마음이 급해지기 마련이다. 자신이 궁금하거나 필요로 하는 결과를 빨리 듣고 싶어 하기 때문이다.

보고서의 경우 통상 어떤 현안에 대한 현황, 문제점, 대책 등의 순으로 되어 있다. 이 경우 현황과 문제에 대해서는 이미 대부분 알고 있는 내용이라고 보아야 한다. 문제가 있기 때문에 보고를 하는 것이다. 따라서 현황과 문제점 부분은 제목 정도면 충분하다. 결국 대책, 즉 그 문제를 위해 어떻게 할 것인지, 그 대책이 얼마나 실효성이 있는지에 대한 부분에 보고를 집중해야 하는 것은 지극히 상식적인 일이다.

공식적인 연설의 경우에는 시간이 더더욱 중요하다. 시간만 잘 맞추어도 그 연설의 절반은 성공이다. 심지어 3분의 시간이 정해져 있는데 시간이 짧아서 너무 아쉽다는 이야기를 30초 이상 하는 경우도 있다. 시간이 짧다면 시작부터 하고 싶은 이야기, 본론을 말하면 된다. 선거를 치르는 정치인이라면 길어진 연설로 인해 표를 얻는 것이 아니라 표를 잃는 경우도 적지 않다는 것을 기억해야 할 것이다.

2
주제를 정한다

5분 연설, 2~3개의 핵심 메시지를 설정하라

　연설문 쓰기의 본론은 역시 그 연설의 주제라고 할 수 있는 메시지를 정하는 일이다. 메시지는 없어도 문제지만 백화점식으로 많아도 문제다. 그것은 없는 것이나 마찬가지이다. 욕심은 금물이다. 5분 정도의 연설이면 2~3개, 3분이면 1~2개 정도의 메시지가 적당하다.
　메시지는 연설문을 쓰기 전에 충분히 검토하여 어느 정도 확정해야 한다. 최소한 얼개는 그린 다음 시작해야 한다는 것이다. 10시간 생각해서 30분 쓴다고 보면 된다. 마음이 급하다고 해서, 준비할 시간이 없다고 해서 무작정 쓰기 시작하는 것은 잘못된 습관이다. 가끔 어떤 연설문을 빨리 쓰게 되면 무슨 자판기처럼 여기는 경우가 있다. 그건 눈에 보이는 것일 뿐이다. 일필휘지一筆揮之라는 말이 있다. 붓을 들면 단숨에 끝까지 쓴다는 말이다. 이는 쓰기 전에 충분히 생각을 정리했다는 의미다.

메시지는 어떻게 준비할 것인가? 메시지의 첫 번째 힌트는 그 행사의 개요에 있다. 왜 행사를 하는지에, 왜 연설을 하는지에 답이 있는 것이다. 종종 행사의 목적은 잘 정리하면서도 정작 연설의 주제가 되는 메시지는 무얼 해야 할지 모르겠다고 이야기하는 경우가 있다. 이는 연설문 작성을 행사의 목적과는 상관없는 별개의 글쓰기로 여기기 때문이다.

두 번째는 사회적 이슈에 있다. 행사를 하는 그 당시 사회적으로 가장 큰 관심사가 무엇인지를 보면 답을 찾을 수 있다. 그러한 주제는 제한이 없다. 정치, 안보, 경제, 사회, 문화 등 모든 분야의 이슈들을 언급할 수 있다. 다만 그러한 이슈와 연설하는 사람의 연관성을 찾아야 하는 것은 당연하다. 이처럼 이슈와 관련된 주제를 언급한다면 현실감이 살아나고 생동감을 가질 수 있다. 당연히 청중들과의 공감대를 형성하기 쉽다.

세 번째는 그 기관의 정책, 그 기업의 사업에서 메시지를 찾는다. 사실 이 때문에 연설을 하게 되는 경우가 대부분이다. 이때는 새로운 정책이나 사업을 발표하는 자리인지, 기존의 정책이나 사업을 설명하는 자리인지를 구분해야 한다. 그래야만 메시지가 분명해질 수 있기 때문이다.

네 번째는 연설하는 사람의 신념이나 철학에서 메시지를 찾을 수 있다. 이런 경우는 국제적인 포럼이나 학술대회 등에서 기조연설을 하는 경우에 쉽게 볼 수 있다. 이때는 연설하는 사람의 평소 이미지와 가급적 조화를 이루어야 설득력을 가질 수 있다. 그런 말을 할 자격이 있다고 청중들이 느낄 수 있어야 한다.

이러한 순서에 따라 메시지를 정리하면 한결 쉬워진다. 공직사회의 경우 구체적인 정책을 발표하는 자리라면 고민할 것이 없다. 그 정책 자체가 메시지이기 때문이다. 대부분 담화문 형식으로 발표되는 연설문이 이에 해당된다.

가끔 순수하게 축하를 하기 위해, 격려를 하기 위해 어떤 행사에 참석하는 경우가 있다. 이때 메시지를 찾기가 어렵다고 한다. 하지만 이때는 축하와 격려 자체가 메시지가 될 수 있다. 그럴 경우에는 "제가 오늘 이 행사에 참석하게 된 이유는 여러분에 대한 감사의 마음을 전하기 위해서입니다."라고 직접적으로 말하는 것도 하나의 방법이다.

☞ 어필(御筆)에 손댈 수 없다

참으로 난감한 일이었다. 1990년 12월이었다. 대통령이 쓴 어떤 언론사 창사 10주년 축하휘호를 전달하기 위해 찾아갔다. 인사동에서 표구까지 해서 갔는데, 포장지를 푸는 순간 너무나 놀랐다. 한자로 썼는데 창사 10주년이 18주년으로 바뀌었다. '十'자가 '十八'자로 되어 있었다.

우선 다시 포장했다. 다행히 다른 사람들은 보지 못한듯 했다. "이상 없는데 왜 그러느냐"고 했다. 나는 "표구가 잘못되어 다시 해야 한다."고 둘러댔다. 그 언론사의 건물을 나오는데 가슴까지 서늘해졌다. 나오기는 했지만 어떻게 해야 할지 답이 없었기 때문이다. 대통령께 다시 쓰시도록 하는 것은 있을 수 없는 일이었다. 더구나 바로 그 전날 소련을 방문하기 위해 해외순방을 떠났기 때문에 다시 쓸래야 쓸 수도 없는 상황이었다. 방법은 휘호 자체를 수정하는 것뿐이었다. 인사동으로 가서 표구를 했던 가게에 들렀다. 고칠 수 있느냐고 다급하게 물었는데 표구가게 사장은 나보다 더 놀랬다. "절대로 안 된다. 어필御筆에 손댈 수는 없다."고 말했다. 어필? 임금의 글씨, 즉 대통령의 휘호에 손을 댄다는 건 있을 수 없는 일이라는 말이었다.

처음부터 다시 설명하고 설득하기 시작했다. 모든 건 내가 책임지겠다고 다짐했다. 오랜 설득 끝에 별도의 수고비를 드리고 간신히 허락을 받을 수 있었다. 너무나 정교한 작업이라 옆에서 보지 않은 사람은 도저히 구분할 수 없었다. 그렇게 2시간 정도 후에 그 언론사로 다시 들고 갔다. 그리고 무사히 전달할 수 있었다. "뭐가 달라졌느냐."고 다들 궁금해 했다. 겨우 사태를 수습하고 사무실로 들어왔다.

그런데 어떻게 18주년이 된 것일까? 혼자 추적하기 시작했다. 당시 대통령께 휘호를 보고드릴 때는 쓸 수 있는 적당한 문안을 찾아서 올려드리곤 했다. 물론 쓸 때 참고하도록 하기 위한 것이다. 그때 PC 한글에는 0의 가운데에 점이 찍혔던 것이다. 그래서 10주년을 18주년으로 본 것이다. 지금도 어느 곳엔가 있을 그 휘호를 생각하면 어필에 손을 댄 죄인이 된 기분이다.

3
구성안을 설계한다

연설 전체의 설계도를 구상하라

　연설의 시간과 메시지가 정해지면 구성안을 만든다. 연설문 전체의 그림이라고 할 수 있다. 5분 분량의 연설문은 '인사-메시지(1)-메시지(2)-마무리'로 이루어진다. 이러한 구성안은 현대 축구에서 많이 활용되고 있는 4-4-2 진형처럼 가장 기본적인 형태다. 연설문을 쓰는 기본적인 공식이라고 할 수 있다. 물론 다양한 행사에서 이뤄지는 연설문을 고정된 하나의 틀에 맞추기는 쉽지 않다. 하지만 기본적인 형태를 잘 이해하고 활용하는 것이 연설문을 쉽게 쓸 수 있는 가장 좋은 방법이다.
　하나의 연설문을 이처럼 4개의 구역으로 나누고 5분의 시간을 각각 배분한다. 그런 다음 각 구역마다 들어갈 핵심단어들을 정리하는 것이다. 이렇게 되면 연설문을 구체적으로 쓸 수 있는 준비가 되었다고 할 수 있다.

'인사-메시지(1)-메시지(2)-마무리'

'인사'에는 참석자들에 대한 감사와 축하, 행사에 대한 의미와 기대, 개인적인 인연과 소회 등을 담는다. 메시지(1), (2)에는 앞에서 정리한 주제들을 배분한다. 주로 사회적 이슈나 과제들은 메시지(1)에, 그와 관련한 정책이나 해결을 위한 의지 등은 메시지(2)에 주로 배치한다. 마무리에는 협조할 내용이나 당부하고 싶은 말을 담게 된다.

연설문을 쓸 때 이러한 구성안에 대한 개념이 없으면 말의 흐름이 자연스럽지 못하게 된다. 중언부언이나 횡설수설한다는 말은 이 때문에 나온다. 시작에서 할 말과 마무리에서 할 말까지 어느 정도 순서를 정한 다음 써야 한다는 것이다. 막연히 생각하고 시작하면 인사하면서 핵심메시지에 대한 이야기를 하거나 마무리에 해야 할 말을 먼저 쓰게 된다. 그러고 나면 정작 해야 될 중심부분에서는 알맹이가 빠지게 된다. 무엇보다 기승전결과 같은 연설의 완성도가 떨어지게 되는 것이다.

* 연설문(5분) 구성안

	핵심내용	시간
인사	감사와 축하, 행사 의미와 기대, 개인적인 인연과 소회 등	40초-1분
메시지(1)	사회적 이슈, 과제 등	1분 30초-2분
메시지(2)	관련 정책, 과제해결 의지 등	2분-2분 30초
마무리	협조, 당부	40초-1분

☞ 대구 세계에너지총회 개회식 연설문

존경하는 세계에너지협의회 '피에르 가르도네' 의장님,
각국의 정부 대표와 에너지 전문가 여러분
그리고 내외귀빈 여러분,

우리나라에서 가장 맑고 아름다운 계절인 가을을 맞아, 세계에너지총회가 열리게 된 것을 온 국민과 더불어 진심으로 축하합니다. 이번 총회가 아시아 최초로 '솔라 시티'로 지정된 이곳 대구에서 개최하게 되어 그 의미가 더욱 각별하다고 생각합니다.

먼저, 이번 총회의 명예위원장으로서 세계 각국에서 오신 정부 대표와 전문가 여러분께 따뜻한 환영의 인사를 드립니다. 아울러 이번 총회를 준비해온 조환익 조직위원장과 김범일 대구시장을 비롯한 관계자 여러분의 노고에 치하의 말씀을 드립니다.

지난 1924년 영국 런던에서 시작된 이 총회는 90년에 이르는 역사와 명성을 가진 에너지 분야 세계 최고의 국제회의입니다. '내일의 에너지를 위한 오늘의 행동'을 주제로 열리는 이번 총회에서도 에너지 문제에 대한 깊이 있는 논의가 이뤄질 것으로 기대합니다.

내외귀빈 여러분,

에너지는 오늘날 세계가 시급히 풀어야 할 가장 중요한 과제 가운데 하나입니다.

에너지의 생산과 소비에서 비롯되는 자원고갈도 문제지만, 이로 인한 환경파괴와 기후변화는 인류의 삶을 위협할 지경에 이르렀습니다.

이를 해결하기 위해서는 에너지 관련 정책의 패러다임을 전환하고 미래 지속가능한 에너지에 대한 성찰이 필요합니다.

무엇보다 중요한 것은 국제협력입니다. 에너지야말로 세계 모든 국가가 당면하고 있는 전 지구적인 문제라고 할 수 있습니다. 누구나 이용할 수 있고 안전하며 환경 친화적인 에너지원을 어느 한 국가가 확보하는 일은 결코 쉬운 일이 아닙니다. 세계에너지협의회가 에너지 안보, 사회 형평성, 환경영향의 최소화를 세계가 직면한 3대 에너지 난제難題로 꼽고 있는 것도 이 때문일 것입니다.

따라서 선진국과 개발도상국을 가릴 것 없이 국제사회 구성원 모두가 에너지 공동체의 일원이라는 분명한 인식을 가져야 합니다. 개별국가 차원의 대응이 아니라 세계적인 차원에서 공동으로 대응해야 할 것입니다.

내외 귀빈 여러분,

지금 우리가 해야 할 것은 구체적인 행동입니다. 셰일가스와 같은 새로운 에너지 공급원이 확대되고 과학기술의 발달로 에너지 효율성이 높아지고 있지만, 이것으로 우리의 미래를 안심할 수는 없습니다.

이번 총회의 의제인 '지속가능한 미래 에너지 확보, 에너지 빈곤국과 부국 간의 수급불균형 문제, 환경오염으로 인한 기후변화 문제에 대한 방안들이 행동으로 실천될 수 있어야 할 것입니다. 재생에너지를 범지구적으로 확산하기 위해 선진국과 개도국 정부 간 재정지원과 기술이전이 더욱 활성화되어야 합니다.

민간 부문도 각국 정부와 협력하여 새로운 기술의 개발과 보급에 노력해야 할 것입니다. 기후와 환경을 보호하기 위해 에너지를 효율적으로 사용하는 데에도 지혜를 모아야 합니다. 대한민국은 국제사회가 함께 해야 할 이러한 노력에 적극적으로 협력해 나갈 것입니다.

내외 귀빈 여러분,

대한민국도 올 여름 전력난으로 인해 에너지의 소중함을 새삼 절실히 느낄 수 있었습니다. 모든 국민이 절전운동에 적극 참여하여 전력수요를 줄이면서 위기를 극복할 수 있었습니다.

우리는 지난여름의 경험을 거울삼아 에너지의 안정적인 수급과 안전관리 강화, 녹색성장과 기후변화 대응 등을 통해 에너지난을 해소하는 데 선도적인 노력을 기울일 것입니다.

이번 총회에서 세계 각국의 다양한 경험과 지혜를 모아 건설적인 행동계획을 마련하고 국제협력의 새로운 이정표를 세우게 되기를 기대합니다. 여러분 모두에게 건강과 행운이 함께 하시기를 기원합니다. 감사합니다.(2013년 10월 13일, 대구 세계에너지총회 개회식 연설문 - 정홍원 국무총리)

4
구성안을 변형한다

상황에 따라 유동적으로 구성을 변형하라

축구에서도 4-4-2 진형이 4-3-3, 4-1-3-1 등으로 상대에 따라 다양하게 변형되듯이 연설문도 상황에 따라 얼마든지 변형될 수 있다. 우선 '인사-메시지-마무리'는 하나의 메시지로 끝까지 가는 경우다. 3분 이내의 짧은 연설의 경우에 주로 활용된다.

3개 이상의 메시지를 담는 경우는 대통령의 신년 국정연설처럼 정치, 외교, 안보, 경제, 사회, 문화 등 여러 분야를 다룰 때 주로 활용된다. 이때 주의할 것은 여러 개의 메시지를 단순히 나열하면 보고서처럼 되기 쉽고 연설의 입체감이 떨어지기 때문에 자칫 지루해질 수 있다. 따라서 여러 개의 메시지를 중심메시지와 보조메시지로 구분하여 내용과 분량에 차등을 두어 강약을 조절해야 한다. 예를 들면 10여 개의 메시지가 있다면 이를 3~4개 분야로 묶어서 정리하는 방법이다.

연설을 시작하면서 바로 메시지로 들어가는 경우도 있다. 일종의 충격요법이라고 할 수도 있다. 주요 정책에 대한 발표문이나 담화문 등에서 사용된다. 1993년 8월 12일 저녁 7시에 발표된 금융실명제 실시와 관련한 대통령 담화문이 대표적인 사례다. 그날 담화는 모든 금융거래가 끝난 저녁에 이루어졌다. 금융실명제가 그처럼 전격적으로 실시될 줄은 아무도 예상치 못했다. 그만큼 보안이 잘 지켜졌다고 할 수 있다. 물론 지금과 같은 인터넷 금융거래가 없을 때였으니까 가능했을 지도 모를 일이다. 그날 담화문은 다음과 같이 시작하고 있다.

"이 시간 이후 모든 금융거래는 실명으로만 이루어집니다. 금융실명제가 실시되지 않고는 이 땅의 부정부패를 원천적으로 봉쇄할 수가 없습니다. 정치와 경제의 검은 유착을 근원적으로 단절할 수가 없습니다. 금융실명 거래의 정착이 없이는 이 땅에 진정한 분배정의를 구현할 수가 없습니다. 우리 사회의 도덕성을 확립할 수가 없습니다. 금융실명제 없이는 건강한 민주주의도, 활력이 넘치는 자본주의도 꽃피울 수가 없습니다. 정치와 경제의 선진화를 이룩할 수가 없습니다." (1993년 8월 12일, 금융실명제 실시 관련 담화문 - 김영삼 대통령)

☞ 독일연방하원 인사 초청 만찬사

존경하는 코쉬크 독·한의원친선협회장,
젬브리츠키 경제협력개발위 부위원장,

그리고 의원 여러분,

여러분의 환영과 두 분의 따뜻한 말씀에 감사드립니다. 오늘이 독일방문 사흘째입니다. 이번 방문에서 나는 세계 일류국가 독일의 저력을 거듭 확인했습니다. 그 중심에 독일 의회가 있었다는 것은 두말할 필요가 없을 것입니다. 여러분이 이루어온 위업에 경의를 표합니다.

존경하는 의원여러분,

독일은 수출 세계 1위의 경제대국입니다. 뿐만 아니라 인권과 민주주의, 경쟁과 연대의 조화 그리고 환경문제에 이르기까지 세계의 모범국가로 찬사를 받고 있습니다. 이처럼 독일이 이루어낸 성공에 대해서는 오늘 저녁 내내 말씀드려도 시간이 부족할 것입니다. 그래서 우리 국민이 가장 부러워하는 세 가지만 말씀드리고자 합니다. 그것은 바로 독일 통일과 EU 통합 그리고 과거사 청산입니다.

나는 1989년 11월 9일 베를린 장벽이 무너지던 순간을 지금도 생생히 기억합니다. 그리고 어제 브란덴부르크 문을 보면서 역사의 진보에 대한 확신과 함께 대결과 분단의 상징이었던 그곳을 자유와 평화의 광장으로 바꿔놓은 독일의 힘을 느낄 수 있었습니다. 대한민국은 지금 세계 유일의 분단국가입니다. 아직도 우리는 가야 할 길이 많이 남아 있습니다. 그러나 서두르지도 좌절하지도 않습니다. 독일의 통일에서 희망과 교훈을 얻게 됩니다.

독일은 또한 세계 역사에 남을 EU 통합을 주도적으로 이뤄냈습니다. 최근 EU 확대와 헌법조약의 타결에도 중심적인 역할을 해왔습니다. 유럽은 이제 전쟁과 대결의 역사를 마감하고 평화와 번영의 공동체로 다시 태어나고 있습니다. 나는 하나의 유럽을 만들어 가는 이 과정을 보면서 동북아시아에도 화해와 통합의 질서가 구축될 수 있기를 희망합니다. 또 그렇게 되도록 앞장서서 노력할 것입니다.

나는 이와 함께 독일의 과거사 청산방식을 존경합니다. 부끄러운 과거를 솔직히 인정하고 진정으로 반성할 줄 아는 양심과 용기 그리고 그에 상응하는 실천을 통해 국제사회의 신뢰를 회복했습니다. 전쟁이 끝난 지 60년이 지난 지금까지 피해자들에 대한 배상을 계속하고 있으며 역사 교과서 또한 이웃나라들과 협의를 거쳐 편찬하고 있습니다. 독일의 이런 노력이 주변국과의 화해를 이뤄내고 오늘의 EU 통합을 가능하게 했을 것입니다. 동북아시아에 평화와 번영의 질서를 만들어 가야 할 우리로서는 참으로 부러운 일이 아닐 수 없습니다.

의원 여러분,

나는 이번 방문을 통해 우리 두 나라가 평화와 번영의 동반자로서 이루어 갈 미래에 대해 큰 희망을 확인했습니다. 특히 올해 한·독 간 '입국 및 체류 양해각서'가 발효됨으로써 양국 국민 간 교류가 더욱 활발해지게 됐습니다. 이 자리를 빌려 코쉬크 의원을 비롯한 의회 지도자와 독일 정부에 깊은 감사의 말씀을 드립니다. 여러분과의 변함없는 우정 속에 양국 관계는 더욱 돈독하게 발전해 나갈 것이라고 확신합니다. 독일연방하원의 무궁한 발전과 양국 관계의 미래 그리고 여러분의 건강과 행복을 위해서 건배를 제의합니다. 감사합니다.

(2005년 4월 12일, 독일연방하원 인사 초청 만찬사 - 노무현 대통령)

5
아름다움에
빠지지 않는다

연설문은 수필이 아니다

연설문의 구성안이 정리되면 그때부터 연설문을 쓰기 시작한다. 그런데 이때부터 또 스트레스를 받게 된다. 구성안까지는 많은 공무원들이나 직장인들이 만드는 보고서나 기획안과 비슷하다고 생각하기 때문에 오히려 익숙하게 느낄 수도 있다. 하지만 막상 하나하나의 완성된 문장을 만드는 작업은 어렵다고 느낀다. 정해진 구성안의 순서에 따라 쓰는 일인데도 왜 그렇게 느낄까?

구성안을 만드는 작업과 달리 쓰는 작업은 '글쓰기'라고 생각하기 때문이다. 바로 '글'에 대해 갖고 있는 편견에서 비롯된 것이다. 그 편견은 아름다운 글, 멋진 글에 대한 고정관념이다. 물론 아름다운 글이 잘못되었다는 건 아니다. 아름다운 한 편의 시가 우리 삶을 바꿀 때도 있다. 지금도 학창 시절 교과서에서 보았던 피천득, 이효석 선생의 수필이나 김소월, 김영랑 선생의 시처럼 아름다운 글들에 대한 감동을 잊을 수 없다.

문제는 연설문이 이러한 글들과 다르다는 데 있다. 그럼에도 그러한 글쓰기와 혼동하기 때문에 "머리가 아프다.", "너무 스트레스를 받는다."는 등의 이야기를 하는 것이다. 그렇게 되면 연설문을 쓰는 것은 대단히 어려운 작업이 되는 것이다. 연설문을 비롯한 업무용 글쓰기는 문학작품이 아니기 때문이다.

형용사에 집착하지 말자

연설문을 쓸 때는 아름다움에 빠지지 말아야 한다. 구성안에 따라 알고 있는 말들을 순서대로 정리한다고 생각하는 것이 좋다. 이미 구성안의 각 단계마다 무엇을 쓸 것인지가 정해져 있기 때문이다.

아름답고 멋진 형용사에 매달리면 우선 생각부터 흐트러지게 되고 자칫 구성안에서 쓰기로 했던 목표를 벗어나기 쉽다. 이는 연설하는 이유를 생각해보면 잘 알 수 있다. 예를 들어 공직자가 연설을 하고 났을 때 "말만 번지르르 하다.", "핵심이 무엇인지 모르겠다."라는 평가를 듣는다면 그 연설은 실패한 것이다. 반면에 "수긍이 된다.", "신뢰가 가는 말이다."라는 평가를 듣는다면 그 연설은 성공한 것이다. 유창하지 않더라도 설득이 되고 신뢰가 가는 연설이 책임 있는 공직자, 책임 있는 직장인들이 해야 할 바람직한 연설이라고 생각한다.

물론 연설문을 쓸 때도 설득력을 높이기 위해 다양한 방법들을 활용한다. 멋진 문장을 인용하기도 하고 다양한 사례를 들어 설명하기도 한다. 하지만 이러한 것은 요리로 말하면 가벼운 양념에 불과하다고 볼 수 있다. 그것이 글쓰기의 본질이라고 생각하는 것이 잘못되었다는 것이다.

이와 함께 대부분의 공직자들이나 직장인들이 글쓰기 전문가가 되려는 것이 아니지 않는가. 문학작품을 쓰려는 것은 더더욱 아니다. 따라서 정해진 순서에 따라 평소에 익히 사용하는 말들을 가지런히 정리하는 작업이 공식적인 글쓰기라고 생각하면 좀 더 마음 편히 쓸 수 있을 것 같다.

☞ 공사다망하신 데도 불구하고?

참으로 이상한 일이다. 평소에는 전혀 쓰지 않는 말인데 공식 무대에만 오르면 하는 말이 있다. "오늘 공사다망하신 데도 불구하고 참석해주신 여러분께 감사드립니다." 공식적인 행사에서부터 결혼식 주례사, 향우회의 축사에 이르기까지 자주 듣게 되는 말이다.

심지어 공직생활을 처음 시작하는 젊은 직원들도 공식적인 연설문을 쓰라고 하면 아예 시작을 '공사다망'으로 하는 경우를 종종 보게 된다.

공사다망公私多忙… 공무公務도 사무私務도 모두 바쁘다는 말인 줄은 알지만 아무런 느낌이 없다. 사람들은 자신의 입으로 해보지 않은 말에 대해서는 생소하고 어색하게 느끼기 마련이다. 너무 의례적인 말이기 때문에 아무런 공감을 얻기 어려운 것이다. 옛날부터 "문자 쓴다."는 말이 있다. 글을 배운 표시를 하기 위해 어려운 한자말을 사용하는 것을 빗대어 하던 말이다. 이러한 데서 잘못 비롯된 것은 아닐까 하는 생각이 든다.

"일일이 찾아뵙고 인사드리는 것이 도리인 줄 알지만…." 경조사를 치르고 보내는 감사의 편지에서 예외 없이 보는 구절이다. 아마 우리나라 건국 이후 바뀌지 않은 문장이 아닐까 싶다. 50~60년 전 마을 단위로 공동체를 이루어 살아가던 시절에는 잘 어울리는 말이었는지 모른다. 하루빨리 찾아뵈어야 하는데 그러지 못하기 때문에 우선 편지로 감사를 드리고 차차 찾아뵙겠다는 간곡한 마음을 담았다고 할 수 있다.

그때는 실제로 찾아뵙고 인사를 드렸을 수도 있다. 하지만 지금은 그렇게 하지 않는다는 것은 누구나 알고 있다. 편지를 보내는 사람도 편지를 받는 사람도 아무런 느낌이 없는 구절이다. 해도 되고 안 해도 되는 말, 써도 되고 안 써도 되는 글은 쓰지 않는 것이 정답일 것이다.

6
핵심 메시지는
단문으로 쓴다

문장은 짧아야 한다

무엇이든 실마리가 어렵다. '일이나 사건을 풀어갈 수 있는 계기', '감았거나 헝클어진 실의 첫머리'라는 사전적 의미에서 알 수 있듯이 실마리를 찾는 것이 어떤 문제를 풀어가는 관건이라고 할 수 있다. 연설문 쓰기도 마찬가지다. 글을 쓸 때 "첫 문장이 어렵다.", "시작이 힘들다."는 이야기를 많이 듣는다. '인사-메시지1-메시지2-마무리'로 되어 있는 5분 분량의 연설문 구성안에서 본격적인 메시지를 쓰기 시작할 때 첫 문장의 중요성을 실감하게 된다. 특히 연설문의 메시지는 대부분 현안문제와 관련된 주제들이다. 따라서 복잡한 현안과 관련된 문제를 정리하는 일이 쉽지 않다는 것은 당연하다.

이때 좀 더 쉽게 쓸 수 있는 방법이 첫 문장을 간결한 '단문'으로 정리하는 것이다. 메시지에서 전달하고자 하는 의미를 담은 하나의 짧은 문장인 것이다. 청중들은 연설을 들을 때 다음 이야기를 상상하게 된다. 무슨 말인가? 무슨 뜻인가? 그때 한마디로 전달하는 메시지가 힘을 얻는다. 복합적인 내용을 단순화하기 어렵더라도 그 가운데 대표적인 내용, 그 행사에서 강조하고자 하는 내용을 하나의 문장으로 끌어내는 것이다.

예를 들면 매년 5월 31일은 바다의 날이다. 해양국가로서 국제환경의 변화에 적극적으로 대처하는 능력을 기르고 바다 및 해양개발의 중요성을 강조하기 위해 제정한 날이다. 통일신라 시대의 장보고가 청해진을 설치한 것이 5월이라는 기록에 따라 5월 31일로 정한 것이다. 이날 기념식에는 통상 대통령이나 국무총리가 참석하여 기념사를 하도록 되어 있다.

이때 가장 기본적인 메시지는 당연히 바다의 중요성과 바다를 어떻게 활용할 것인지에 대한 메시지를 포함해야 한다. 구성안의 '인사' 부분을 정리한 다음 '메시지'로 들어가는 첫 문장에 바로 그 의미가 담겨야 한다. 이때 바다의 경제적 가치를 강조할 수도 있고 바다의 환경적 가치를 강조할 수도 있다. 이는 그 당시의 상황에 따라 다를 수 있다. 해양개발을 통한 경제성장에 의미를 두면 '경제적 가치'에 중심을 둘 것이다. 태안 앞바다 기름유출 사건과 같은 해양오염이 사회적 이슈가 되었을 때라면 당연히 '환경적 가치'에 중심을 두게 될 것이다.

이때 경제적 가치를 강조하고자 한다면 "바다는 자원의 보고寶庫입니다."라고 쓸 수 있다. 환경적 가치를 강조하고자 한다면 "바다는 생명의 근원입니다."라고 쓸 수 있다. 둘 다 바다의 중요성을 말하고 있지만 그 메시지의 내용은 분명히 다르다.

짧아야 쓰기 편하고 메시지 전달이 쉽다

2008년 미국에서 촉발된 금융위기로 세계경제가 위기를 맞게 되고 우리 경제도 큰 어려움을 겪었다. 당시 경제 관련 연설에는 이 이야기가 단골 메시지로 등장하게 된다. 이때 "국민 여러분, 최근 미국에서 시작된 글로벌금융위기의 여파로 국제유가가 폭등하고 원자재 가격이 상승함으로써 우리를 둘러싸고 있는 국제여건이 불투명해지면서 우리 경제가 매우 어렵습니다."라고 하면 듣는 사람들이 무엇을 말하려는지 한참을 기다려야 한다.

결국 첫 문장은 "국민 여러분, 지금 우리 경제가 매우 어렵습니다."라고 정리해야 한다. 그 다음에 어려운 이유를 좀 더 부연 설명해줘야 한다. "우리 경제가 어렵다."는 한마디면 충분하다. 왜 어려운지는 대부분 알고 있는 사실이다. 그렇기 때문에 그 사실을 장황하게 먼저 말할 필요가 없다. 또 청중들이 듣고 싶은 이야기는 어려운 이유니 얼마나 어려운지가 아니라 어려운 경제를 어떻게 살릴 것이냐에 있다. 정부 당국자의 연설이라면 당연히 그럴 수밖에 없다.

이처럼 연설문을 쓸 때, 특히 첫 문장은 단문으로 정리하는 습관을 가져야 한다. 그래야만 무엇보다 쓰기가 쉬워진다. 헝클어진 실타래의 실마리를 찾기가 쉽다는 것이다. 또한 메시지 전달이 분명하고 듣는 사람들도 쉽게 이해할 수 있다.

또한 첫 문장이 아니더라도 비교적 단문으로 쓰는 습관은 나쁘지 않다. 이렇게 하지 못하는 것은 연설의 내용보다 연설의 멋과 맛을 먼저 생각하기 때문이다. 좀 더 설득력을 가지기 위해 당연히 멋과 맛을 살리는 것도 중요하지만 항상 내용이 먼저라는 것을 생각해야 한다. 이와 달리 한 문장을 길게 쓸 때가 있다. 이때는 연설의 클라이맥스로 다가가기 위해 의도적으로 쓰는 경우다. "우리 모두의 평화와 안정을 이루기 위해, 우리 후손들의 번영과 행복을 실현하기 위해…" 등의 방식으로 쓰는 경우가 있다. 예외적으로 활용할 때 그 효과를 거둘 수 있을 것이다.

☞ 제4345주년 개천절 경축식 축사

존경하는 국내외 동포 여러분, 그리고 자리를 함께 하신 내외 귀빈 여러분,

오늘은 단군성조께서 이 땅에 처음으로 나라를 세운 지 4천 3백 45주년이 되는 개천절입니다. 우리 겨레 모두의 근원이 되는 이 뜻깊은 날을 진심으로 경축합니다. 단군성조께서 널리 펼치신 홍익인간弘益人間과 재세이화在世理化의 건국이념은 반만년 유구한 역사를 이어오는 주춧돌이 되었습니다. 우리는 그동안 숱한 도전과 시련을 극복하고 더 크고 강한 나라, 더 평화롭고 아름다운 나라를 만들어 왔습니다.

우리처럼 오랜 세월 동안 고유한 역사와 찬란한 문화를 꽃피워 온 민족은 세계사에서도 그 유례를 찾아보기 어렵습니다. 이는 우리 겨

레의 강인한 생명력과 불굴의 의지 그리고 위대한 저력을 보여주는 것입니다. 우리 모두가 우리의 민족사에 대해 큰 자부심과 긍지를 가져야 할 때입니다.

국내외 동포 여러분,
이제 우리 대한민국은 지구촌이 주목하는 나라로 크게 성장했습니다. 불과 50여 년 전만 해도 세계에서 가장 가난한 나라 가운데 하나였던 우리가 지금처럼 발전하리라고는 누구도 예상하지 못했습니다. 변변한 자원도, 자본도, 기술도 없었지만 우리 국민의 피와 땀으로 '한강의 기적'을 이루고 경제강국이 되었습니다. 또한 자유와 인권이 살아 숨 쉬는 민주주의 국가로 많은 나라의 모범이 되고 있습니다.
여기에서 더 나아가 우리의 독창적인 문화가 '한류'라는 이름으로 지구촌 젊은이들의 마음을 흔들고 있습니다. 산업화와 민주화를 동시에 이루고 세계인들이 함께 즐기는 고유한 문화를 가진 나라는 대한민국이 유일하다고 감히 자부할 수 있습니다. 이처럼 우리 대한민국을 세계 속의 당당한 나라로 가꾸어 오신 국내외 동포 여러분께 감사와 경의를 표합니다.

국내외 동포 여러분,
진보하지 못하는 역사는 퇴보를 의미합니다. 우리는 지금까지의 성취를 바탕으로 더 나은 미래, 더 밝은 미래로 나아가야 합니다. 그것이 바로 모든 국민이 행복한 '희망의 새 시대'를 열어가는 것입니다.
지금도 세계적인 경제위기가 지속되고 있으며 우리 사회의 갈등구조가 심화되는 등 나라 안팎으로 수많은 과제들이 쌓여 있습니다. 우리는 이러한 도전을 극복하고 국민 한 사람 한 사람이 행복을 느낄 수 있는 살기 좋은 나라를 만들어 가야 합니다.

그것이 곧 오늘 우리가 되새기는 '사람을 이롭게 하고 이치로써 세상을 다스린다.'는 홍익이념에 부합하는 길이기도 합니다. 이를 위해 무엇보다 중요한 것은 대화와 타협, 배려와 소통으로 우리 사회를 통합된 선진공동체로 만드는 것입니다.

그동안 저는 오랫동안 끌어온 몇 가지 갈등 문제를 풀어가는 과정에서 사소한 의견차이가 심각한 갈등양상으로 확산될 수 있다는 것을 거듭 확인할 수 있었습니다.

최근 통계에 따르면 우리나라 사회갈등 수준이 OECD 국가 가운데 2위에 이르고 이에 따른 경제적 손실도 엄청나다고 합니다. 부끄러운 일이 아닐 수 없습니다. 정부는 적극적인 소통과 현장중심 행정을 통해 우리 사회의 갈등구조를 해소하는 데 최선의 노력을 기울일 것입니다.

국민 여러분께서도 힘을 모아주시기 바랍니다. 저는 우리 모두 하나가 되어 함께 나아간다면, 국민 모두가 행복한 나라를 기필코 건설할 수 있다고 확신합니다.

존경하는 국내외 동포 여러분,
지금 우리 겨레는 세계 거의 모든 나라에서 살고 있습니다. 지구촌 곳곳에 뿌리 내린 720만 재외동포들은 우리의 소중한 동반자입니다. 아울러, 우리나라에 살고 있는 150만 명의 외국인도 우리의 희망찬 내일을 함께 열어갈 이웃입니다. 우리 모두는, 이분들이 우리 사회의 동등한 구성원으로서 대한민국에서 더 큰 능력을 발휘할 수 있도록 배려해주어야 합니다. 이를 통해 우리 사회가 더욱 따뜻한 열린 공동체가 될 수 있기를 기대합니다.

오늘 우리가 기념하는 개천절이 통합된 힘으로 '희망의 새 시대'를 열어가는 새로운 전기가 되기를 바랍니다. 국내외 동포 여러분의 건강과 행운을 기원합니다. 감사합니다. (제4345주년 개천절 경축식 축사 – 정홍원 국무총리)

7
뜬구름은 잡지 않는다

구체적 근거가 있어야 한다

연설문의 내용은 근거가 있어야 한다. 특히 공직자의 연설은 그 자체로서 정책이 될 수 있다. 대통령이나 국무총리를 비롯하여 각 기관을 책임지고 있는 공직자들의 이야기는 그만큼 국민에게 미치는 영향이 크기 때문이다. 어떤 정책에 대해 "검토하고 있다.", "고려하고 있다."는 등의 표현만으로도 대부분 그 정책이 추진될 것으로 믿는다. 그만큼 책임이 따른다는 것이다. 그냥 자기만의 생각이나 일방적인 주장을 쓰는 것은 곤란하다. 구체적인 근거가 부족하면 "말만 그럴듯하다."는 평가를 듣기 쉽다.

그렇다면 근거는 어디에서 찾을 것인가? 우선 정책이 될 수 있다. 현재 추진하고 있는 정책에 대해서는 그 내용을 간결하지만 명확히 설명해야 한다. 앞으로 추진해나갈 정책에 대해서는 확정되었는지 아니면 추진을 검토하고 있는지에 대해 분명하게 구분하여 말해야 한다.

　가끔 연설문 초안을 그 행사를 담당하는 부처에서 받아보면, 정부차원에서 확정된 정책이 아니라 그 부처에서 희망하는 정책을 넣어오는 경우가 있다. 예산 당국과의 협의나, 이견이 있는 부처와의 협의가 완료되지 않는 상태에 있는 것들이 있다. 해당 부처로서는 자신들이 하고자 하는 정책을 대통령이나 국무총리의 연설을 통해 추진의지를 강조하고 싶을 것이다. 때로는 그 정책의 추진을 기정사실화 할 수 있는 방편이 될 수도 있을 것이다. 하지만 이런 경우는 적절치 못하다. 어떤 정책의 추진에 대한 '부처 간 엇박자'라는 비판을 받을 수 있기 때문이다.

　다음은 어떤 사안에 대해 근거가 될 만한 구체적인 수치를 인용한다. 많은 연설에 통용되는 경우다. 여러 마디의 말보다 하나의 수치로 보여주는 것이 훨씬 더 효과적일 수 있다. 특히 어떤 분야에 대한 업적을 알리고 싶을 때 경제, 사회, 문화 관련 지표들을 사용할 수 있다. 가끔은 소수점 이하까지 사용해서 의도적으로 관심을 끌게 할 수도 있다. "지난 해 우리나라 건설투자 규모는 국내총생산의 14.9%, 전체 고용의 7.8%를 차지했습니다." 이처럼 공식적인 수치들을 사용하면 신뢰성을 높이고 '자화자찬'이라는 느낌도 줄일 수 있다.

　다만 연설문은 보고서가 아니기 때문에 수치가 너무 많으면 딱딱해지기 쉽다. 그래서 "5년 전에 비해 두 배 늘었다.", "지난해의 절반에 불과하다."는 식으로 통계를 활용하기도 한다.

　이와 함께 신문이나 방송에 나타난 통계를 인용하는 경우도 적지 않다. 미디어에 대한 국민의 신뢰도가 상당히 높기 때문에 효과적인 방법이라 할 수 있다. 언론사가 실시한 여론조사를 인용하는 것이 대표적이다. "○○ 신문사의 최근 여론조사에 의하면….", "○○ 방송사의 기획보도에 따르면…." 등으로 사용한다.

우리나라의 위상을 이야기하기 위해서는 국제기구나 세계적인 언론사의 보도를 적극 활용한다. 그것이 비교적 객관성을 담보할 수 있다고 믿기 때문이다. 가장 대표적인 것이 국제 신용평가기관의 우리나라에 대한 신용등급이라고 볼 수 있다. 또 "우리나라의 출산율이 OECD 국가 가운데 최하위 수준이다."는 식으로 OECD 통계도 자주 활용하게 된다.

다만 이처럼 통계를 인용할 때 주의할 것이 있다. 왕왕 연설이 끝나고 나면 "인용한 통계가 잘못되었다."는 논란이 일어난다. 따라서 연설문을 쓰는 사람은 자신이 인용한 통계의 명확한 출처를 정확히 알고 있어야 한다. 그것은 전적으로 연설문을 준비하는 실무자의 몫이라고 할 수 있다. 인터넷에 떠도는 이야기, 출처가 불분명한 통계는 아무리 유용하더라도 사용해서는 안 된다. 그것은 잘못된 욕심에 불과하다. 이는 그 연설에 대한 신뢰와 책임의 문제이기 때문이다.

역대 대통령이나 국무총리의 연설문에서도 경제 분야를 비롯하여 자주 통계가 등장하는 것을 볼 수 있다. 통계를 활용한 연설문 몇 대목을 보면 다음과 같다.

"21세기는 문화의 시대입니다. 특히 영상매체는 엄청난 부가가치가 있습니다. 최근에 영화 〈타이타닉〉이 나왔는데, 이것이 국제시장에서 10억 달러의 돈을 벌고 있습니다. 스필버그 감독이 만든 〈쥬라기 공원〉은 8억 5천만 달러를 벌었습니다. 그리고 〈라이언 킹〉이라는 만화영화는 8억 4천만 달러를 벌었는데, 들어간 돈은 5천만 달러밖에 안 됩니다. 우리나라에서 8억 5천만 달러의 이익을 내려면 모든 자동차 회사가 1년 이상 수출해야 합니다."(1998년 4월 27일, 고위공직자와의 대화 – 김대중 대통령)

"6·25전쟁은 200만 명 이상의 사상자를 낸 우리 민족 최대의 비극이었습니다. 그중 55일간 계속된 다부동 전투는 3만 4천 명 이상의 사상자를 낸 가장 처절한 격전이었습니다. 불과 한 달 만에 낙동강까지 밀려온 침략자들에 맞선 우리의 용사들은 하나뿐인 목숨을 던져 나라를 지켰습니다. 무너져 가는 조국을 다시 일으켜 세우기 위해 스스로를 불살라 이 최후의 전선을 사수했습니다."(1995년 6월 24일, 다부동 전투 충혼비 제막식 연설 – 김영삼 대통령)

"지난해 우리 경제는 국제유가 급등, 금리인상 등 어려운 대내외 여건 속에서도 당초 전망을 웃도는 4.8%의 성장을 이룰 것으로 전망됩니다. 또한 사상 처음 무역 7천억 달러를 달성하여 세계 11위의 무역대국으로 성장하였습니다. 이러한 성과를 이루는 데는 건설인 여러분의 노고가 컸습니다. 지난해 여러분의 적극적인 해외시장 진출 노력으로 해외건설사상 최대 규모인 398억 달러를 수주했습니다. 2003년 37억 달러의 열 배가 넘습니다."(2008년 1월 7일, 건설인 신

년인사회 연설 – 한덕수 국무총리)

"섬유산업의 역사는 우리 산업화의 역사입니다. 수출입국의 선두 주자로서 지금까지 이룩한 무역수지 흑자를 합치면 3,100억 달러를 넘어섭니다. 지금도 섬유패션 산업은 우리 제조업체수의 12.5%, 고용의 8.2%를 담당하며 국민경제에 미치는 영향이 매우 크다고 할 수 있습니다. 이처럼 우리 경제의 지속적인 성장에 크게 기여하며 일자리 창출의 든든한 버팀목이 되어온 섬유패션인 여러분께 깊은 감사를 드립니다."(2014년 11월 11일, 제28회 섬유의 날 기념식 연설 – 정홍원 국무총리)

☞ 대통령 연설문 해설자료

대통령 연설문은 1980년대에서 1990년대 그리고 2000년대에 들어오면서 통계들을 더 많이 사용하게 된다. 과거에는 '대통령 말에 대한 권위를 매우 중요하게 여겼다. 가급적 구체적인 수치는 피하는 경향이 있었다. 예를 들어 고속도로나 산업단지의 기공식이나 준공식인 경우 그 공사에 동원된 물자나 인원 등 자세한 통계는 대통령 연설 이전에 하는 경과보고에서 언급하는 것이 관례였다. 너무 실무적이라고 생각했기 때문이다. 또한 대통령 연설의 맛은 적절한 함축과 여백에 있다고 믿었다. 따라서 대통령 연설을 하고 나면 그 연설에 담긴 의미에 대한 분분한 해석이 나오기도 했다.

1980년대까지는 이를 보완하기 위해 광복절 경축사, 연두기자회견문 등 주요 연설문에 대해서는 그 연설에 담긴 의미를 구체적으로 설명한 '해설자료'를 따로 만들어 언론사 등에 배포하기도 했다. 시대가 바뀌면서 이러한 모습도 바뀌게 되었다. 대통령 연설도 연설문 그 자체로 설명되어야 한다. 그것을 듣는 국민이 연설 자체로 명확히 이해할 수 있어야 한다는 것이다. 그러면서 대통령 연설 해설자료도 자연스럽게 사라지게 되었다.

8
경험을 말한다

청중과의 공통분모를 찾아 호소력을 높인다

연설의 중요한 목적 가운데 하나는 소통과 공감일 것이다. 그렇다면 소통하기 위해 공감을 넓히기 위해 어떻게 연설문을 준비해야 할까? 그건 개인과 개인이 만났을 때를 생각하면 쉽게 이해할 수 있다. 우리는 처음 어떤 사람을 만나면 가장 먼저 '통성명을 한다.'고 한다. 서로의 이름을 알기 위한 것이다. 그리고 나이, 직업, 출신학교, 고향, 취미 등등을 물어보게 된다. 나이가 비슷하다거나 같은 고향이라거나 같은 학교 출신이라면 쉽게 대화의 소재를 찾을 수 있다. 이와 같은 신상에 대한 관심이 옳고 그름을 떠나서 소통을 이루기 위한 공통분모를 찾기 위한 노력임에는 분명하다. 비즈니스를 한다고 생각하면 더 쉽게 이해할 수 있을 것이다.

공식연설의 경우에도 마찬가지라고 할 수 있다. 다수의 청중과 소통할 때도 가장 기초적인 것은 행사 성격, 행사를 주최하는 기관,

행사에 참석하는 사람들과의 인연이다. 특히 서로 공감할 수 있는 공통의 경험은 가장 좋은 소재가 될 수 있다. 연설에서 "10년 전 여러분과 함께 일했던 때를 지금도 잊지 않고 있습니다.", "지난해 여러분을 만나고 꼭 1년 만에 다시 왔습니다."는 등의 인연을 강조하는 것은 이 때문이다. 때로는 간접적인 인연을 찾아낼 수 있다. "제 아이가 다니는 대학입니다.", "제 아내가 이곳에서 봉사활동을 했습니다."라는 등의 인연을 찾을 수도 있을 것이다.

공동의 관심사를 통해 공감대를 넓힌다

한걸음 더 나아가 이념적 사상적 그리고 문화적 유대까지 활용하게 된다. 특히 국가 간의 관계를 다룰 경우에는 흔히 사용하는 연설 기법이라고 할 수 있다. 역대 대통령들의 해외순방 연설, 특히 방문국의 국가원수가 주최하는 만찬의 만찬사에는 예외 없이 이러한 유대감을 표시한다. "민주주의와 자본주의를 함께 발전시켜왔다.", "오래전부터 문화적 유대를 맺어왔다."는 등의 표현을 자주 사용하게 된다.

따라서 윗분의 연설을 준비할 경우에는 가장 먼저 연설하는 분의 이러한 인연을 찾아야 한다. 예를 들어 장관이 참석하는 행사인 경우에는 장관으로 취임하기 전에 그 행사를 주최하는 단체와 어떤 인연이 있었는지를 살펴보아야 한다. 그건 기본 중의 기본이다. 왜냐하면 연설을 하는 장관은 그 행사에 대해 가장 먼저 자신의 경험을 생각하기 때문이다. 그러한 경험을 한 구절만이라도 쓰게 되면, 연설을 하는 입장에서는 그 연설문에 대해 믿음을 갖게 될 것이다. 또 연설을 듣는 사람들도 마음을 쉽게 열 수 있을 것이다.

☞ 경험과 인연을 강조한 연설문

"92년 가을 대통령에 출마하기 위해 저는 9선에 걸친 의정생활을 마치면서 바로 이 자리에서 고별인사를 했습니다. 지난 79년 10월 4일 유일야당의 총재였던 저는 군사독재정권에 의해 불법으로 제명되어 국회에서 추방당하기도 했습니다. 저는 개인적으로나 국가적으로나 이러한 불행이 우리 헌정사에 다시는 되풀이되어서는 안 된다는 신념으로 민주화를 위해 싸웠습니다. 그리하여 얼어붙은 긴 정치의 겨울을 지난 93년 봄 저는 이 의사당 앞뜰에서 문민대통령으로서 취임 선서를 했던 것입니다. 오랜 의정생활을 일관하여 가장 어둡고 괴로운 순간에도 의회정치에 대한 믿음과 국회에 대한 애정을 버린 적이 없습니다."(1996년 7월 8일, 제15대 국회 개원식 연설 - 김영삼 대통령)

"중국과 한국은 다 같이 민본주의 정신을 사상의 중심으로 삼아 왔습니다. 중국에서는 '백성을 가지고 하늘을 삼는다.以民爲天' '하늘을 공경하고 사람을 사랑한다.敬天愛人'라고 했으며, 한국에서도 '사람이 곧 하늘이다.人乃天' '사람 섬기기를 하늘 섬기듯 하라.事人如天'고 했습니다. 이것은 서구의 어떠한 인권사상에도 못지않은 위대한 가르침

이라고 할 것입니다." (1998년 11월 12일, 중국 베이징대학교 연설 - 김대중 대통령)

"나는 6년 전 사라예보 동계올림픽 때 귀국을 방문한 적이 있습니다. 아름다운 자연과 오랜 역사의 숨결이 현대와 조화를 이루고 있는 유고슬라비아의 인상은 아직도 나의 기억에 생생합니다. 다양성을 통합하며 역경 속에서도 자주의 햇불을 높이 들어온 유고슬라비아 지도자들의 비전과 국민들의 용기는 나에게 깊은 감동을 주었습니다." (1998년 11월 8일, 유고슬라비아 대통령 내외를 위한 만찬사 - 노태우 대통령)

"저는 지난 2005년 안중근의사기념관 건립위원으로 참여했습니다만, 시간이 지날수록 안 의사의 정신은 더욱 뚜렷해지고 안 의사를 기리는 마음도 점점 더 커지는 듯합니다. 선열들의 애국정신을 기리고 그 유지를 받드는 것은 오늘을 사는 우리 모두의 경건한 의무입니다." (2010년 3월 26일, 안중근 의사 순국 100주년 기념 추모사 - 정운찬 국무총리)

9
현장의
분위기를 살린다

행사 현장의 분위기를 파악할 때 소통은 빨라진다

공식행사의 연설은 대부분 사전에 준비해서 현장에서는 원고를 낭독하는 형식으로 이뤄지기에 연설문을 쓸 때 연설하는 분의 의중이 충분히 담길 수 있도록 해야 한다. 그래서 연설문을 수차례 수정하고 보고하는 절차를 거치는 것은 당연한 일이다. 대통령의 광복절 경축사처럼 중요한 연설은 적어도 한 달 전부터 초안 준비에 들어간다. 이러한 과정을 거치기 때문에 공식연설이 문제가 되는 경우는 매우 드물다. 이 때문에 자칫 행사 현장의 분위기와 잘 맞지 않는 일이 생길 수도 있다.

연설문을 쓸 때는 행사의 모습을 머릿속에 담고 있어야 한다. 먼저 행사가 이뤄지는 장소에 대해서 알아야 한다. 그 장소가 갖는 특별한 의미가 있는지, 또 그 장소에서 행사를 하는 특별한 이유가 있는지를 파악한다. 행사의 성격에 부합하는 역사적 문화적 특징이 있다면 인사 부분에 이를 언급할 수 있을 것이다.

다음으로 행사의 내용을 파악해야 한다. 주빈은 주로 메인행사에만 참석하지만, 메인행사를 전후하여 여러 가지 행사가 진행될 수 있다. 때로는 1박 2일에 걸쳐 치러지는 행사도 있다. 주빈이 참석하지 않는 전후 프로그램 가운데는 주최 측이나 참석자들이 상당한 의미를 두고 있는 경우도 있다. 그럴 경우에는 그 프로그램에 대해 격려할 필요가 있다. 행사 주제와 관련한 발표나 보고 동영상 등이 있었다면 "매우 값진 의견이다.", "여러분의 큰 성과에 박수를 보낸다."는 등으로 공감을 표한다.

이와 함께 행사 참석자, 즉 청중들의 특성을 파악하여 언급하는 것도 현장감을 살리는 방법의 하나가 될 수 있다. 의례적으로 소개하는 귀빈이 아니라 일반 참석자들 중에서 그 행사와 각별한 인연이 있는 사람들에 대해 관심을 표하는 것이다.

이처럼 행사가 이뤄지는 장소에 대해, 행사의 프로그램에 대해 그리고 행사 참석자들에 대해 언급하게 되면 현장감을 살릴 수 있다. 이때의 관심은 무거운 내용이 아니라 가벼운 내용이어도 괜찮다.

☞ 현장에서 실마리를 찾는다

"오늘 아침 서울을 출발해서 모스크바에 오는 데는 10시간이 걸렸습니다. 그러나 대한민국의 대통령이 이 길을 오는 데는 지난 40년, 아니 100년 이상의 파란 많은 역사를 거쳐야 했습니다. 서울에서 비행기가 떠서 얼마 안 되는 시간이면 소련의 요동 하늘에 이르게 됩니다. 이 나라는 우리와 이처럼 가까운 나라입니다. 나는 지난 40여 년 간 막혀 있던 그 길을 오면서 시베리아의 요동 땅을 내려 보면서 동 포 여러분을 생각했습니다. 고난에 찼던 우리 민족의 역사를 생각했 습니다."(1990년 12월 13일, 재소련 동포·교민 초청 리셉션 연설 - 노태우 대통령)

"저는 먼저 여러분의 졸업을 진심으로 축하합니다. 대통령으로서, 또 여러분의 선배로서 저는 벅찬 감회를 억누를 길이 없습니다. 아시 다시피 국립 서울대학교는 분단의 아픔과 이념 대립의 와중에서 탄 생했습니다. 40여 년 전, 한국전쟁을 전후한 시기에 저는 대학생활을 했습니다. 내 조국을 끌어안고 몸부림칠 수밖에 없었던 고뇌의 대학 생활이었습니다."(1994년 2월 26일, 서울대학교 졸업식 연설 - 김영삼 대통령)

"저는 이 기념식에 앞서 우리의 독자적인 기술로 개발한 '자기부상 열차' 개통을 지켜보았습니다. 그제는 우주로 갔던 이소연 양이 무사 히 귀환했습니다. 지난주에는 원전 '신고리 3·4호기'의 건설도 결정되 었습니다."(2008년 4월 21일, 제41회 과학의 날 기념식 치사 - 한승수 국무 총리)

"이른 아침부터 자리를 함께해 주셔서 감사합니다. 아울러 유서 깊 은 관훈토론회에 참석하게 된 것을 큰 영광으로 생각합니다. 제가 국 무총리로 취임해서 가장 큰 변화는 조찬모임이 많아진 것입니다. 저는 원래 밤늦게까지 일을 하기 때문에 아침잠이 좀 많은 편이었습니다. 이제 두 달 남짓 지나니 겨우 적응이 되는 것 같습니다."(2009년 12월 2일, 관훈토론회 기조연설, - 정운찬 국무총리)

10
중언부언은
금물이다

중복을 피하여 청중의 관심과 집중을 유도한다

중언부언重言復言은 이미 한 말을 자꾸 되풀이한다는 뜻으로 연설을 지루하고 짜증나게 하는 주범이다. 이보다 더한 말이 조리가 없이 이것저것 되는 대로 지껄인다는 횡설수설橫說竪說이다. 누구나 한 번쯤은 경험했을 수 있는 일이다. 큰 행사든 작은 행사든, 공적인 자리든 사적인 자리든 연설에 대한 최악의 평가라고 할 수 있을 것이다. 이것은 사전에 준비를 그만큼 하지 않았기 때문이다. 자신의 지식이나 말솜씨를 믿고 무작정 연대에 선 결과다.

첫째는 연설문 안에서 말의 중복을 피해야 한다. 이를 방지하기 위한 준비가 앞에서 말한 '연설의 구성안'을 만드는 일이다. 설계된 구성을 따라가면 저절로 글의 진도를 나가게 되고 중복을 피할 수 있기 때문이다.

둘째는 다른 사람의 연설과 중복을 피해야 한다. 통상 어떤 행사가 이뤄지면 연설자가 여러 사람이 될 수 있다. 대통령이나 국무총리가 주빈으로 참석할 경우, 그에 앞서 개회사나 환영사를 하는 인사들이 있다. 먼저 연설하는 내용이 주빈으로 참석하는 분들의 연설과 중복이 된다면 이 또한 난감한 일이 아닐 수 없다. 그래서 국가기념일과 같은 행사의 경우에는 내용의 중복을 피하기 위해 사전에 연설문을 조율하기도 한다.

셋째는 과거의 연설과 중복을 피해야 한다. 매년 이뤄지는 정례적인 행사인 경우, 반드시 과거에 했던 연설문을 확인해야 한다. 본인이나 다른 사람이 과거 같은 행사에서 했던 말을 똑같이 할 수는 없기 때문이다. 말하는 사람이 바뀌고 상황이 변했는데 좋은 글이라고 해서 그대로 쓸 수는 없는 것이다. 그건 표절의 문제가 아니라 청중들에 대한 도리와 신뢰의 문제라고 할 수 있다.

연설문 작업을 하다 보면 셋째의 경우에 해당되는 과거 연설과의 중복 문제가 종종 일어나게 된다. 동일한 행사의 초안을 쓰는 담당자로서는 과거에 정리된 연설문이 가장 사용하기 편할 수가 있다. 참고 정도가 아니라 그대로 쓰고 싶은 유혹을 느끼게 된다. 그래서 몇 년 전 연설을 옮기거나 아니면 몇 년 치 연설을 짜깁기하기도 한다. 특히 메시지 부분이 아니라 인사 부분, 그 기관이나 행사에 대한 일반적인 칭찬이나 격려 부분은 비슷할 수밖에 없기 때문이다.

따라서 정례적인 행사의 연설문을 준비할 때는 반드시 그 이전에 있었던 연설문을 확인해야 한다. 그 연설의 내용을 잘 활용하면 가장 좋은 자료가 될 수 있다. 다만 그대로 옮기는 일은 삼가야 한다.

☞ 초안이 똑같다

　2004년 12월 노무현 대통령의 프랑스 방문 연설을 준비할 때 있었던 일이다. 파리에 있는 소르본느대학교 초청 연설문의 초안을 관련 부처에서 받았다. 그 초안의 도입부분에 소르본느대학교를 칭찬하는 대목이 깔끔하게 정리되어 있었다. 그런데 어디선가 본 듯하다는 느낌이 들어서 확인한 결과 5년 전에 있었던 김대중 대통령의 소르본느대학교 연설문 도입부분과 거의 일치하였다.

　어떤 문장은 토씨 하나 다르지 않았다. 초안을 쓴 부처에 확인한 결과 김대중 대통령의 연설문인지는 알지 못하고 인터넷에 올라 있는 글을 보고 썼다는 것이었다. 그래서 어떤 글이든 인용하거나 활용할 때는 그 출처부터 확인해야 한다. 만약 5년 전에 했던 연설의 대목을 그대로 했다면 그 연설을 듣는 소르본느대학교 측에서 대한민국 대통령의 연설에 대해 어떻게 생각하겠는가? 같은 소재를 가지고 칭찬을 하더라도 당연히 달라야 한다.

11
눈높이를 맞춘다

행사의 주인은 청중이다

연설의 주인은 연설자가 아니라 행사에 참석하고 있는 청중이다. 따라서 연설의 기준은 청중에 맞춰야 한다. 가끔 행사와 겉도는 연설을 들을 때가 있다. 그것은 바로 청중을 기준으로 하지 못하기 때문일 것이다. 연설을 훈시처럼 지루하게 느끼는 요인 가운데 하나가 될 수 있다.

과거 1970년대 농촌개발이 한창일 때 있었던 이야기다. 당시 수십 년간 농사를 지어온 농민들을 상대로 영농기술을 가르친다는 것이 쉬울 리가 없었다. 더욱이 대학을 나온 젊은이들이 공부했다고는 하지만 농사일은 잘 알고 있다고 믿기 어렵던 시절이다. 그때 기술을 가르치러 온 젊은이들은 새로운 농사기술에 대해 말문이 막히면 영어 몇 마디를 섞어가면서 병충해 이름 등 교과서에 배운 전문용어를 썼다고 한다. 물론 농담으로 전해오는 이야기일 것이다.

이와는 반대의 경우도 있다. 토론회나 세미나에 참석하여 격려사 또는 축사를 할 때다. 그런 행사에는 대부분의 청중들이 그 분야의 전문가들이다. 그렇기 때문에 자칫 그 분야에 대해 자신도 전문적인 식견이 있음을 내세우고 싶은 충동을 느끼게 된다. 그래야만 왠지 권위가 설 것 같은 기분이 들기 때문이다. 그것은 스스로에 대한 위안이 될 수는 있어도 청중들과의 소통에는 도움이 되지 않는다. 왜냐하면 청중들은 정부의 책임 있는 공직자로부터 듣고 싶은 이야기가 따로 있기 때문이다. 전문 분야에 대한 해박한 지식이 아니라 그 분야에 대한 정부의 지원 정책 등에 관심이 있는 것이다.

자기 자랑을 하는 자리가 아니다

2008년 5월, 한승수 국무총리의 '한-아랍 소사이어티 창설 국제회의 개회사'를 준비할 때의 일이다. 한국과 아랍지역 국가 22개국의 정부와 민간 지도자들이 참여하여 '한-아랍 소사이어티' 창설을 논의하는 자리였다.

이때 관련부처에서 개회사 초안을 받았는데 첫눈에 보아도 아랍 전문가가 썼다는 것을 알 수 있었다. 아랍의 역사와 문화에서 생활습관에 이르기까지 해박한 지식을 담아낸 훌륭한 원고였다. 하지만 그 초안에는 가장 중요한 것이 빠져 있었기 때문에 추가 자료를 요청했다.

우리 정부의 아랍지역 국가들에 대한 정책이 없었기 때문이다.

아랍에 대한 역사와 문화를 언급함으로써 공감대를 이루는 것도 당연히 필요하지만, 그것이 중심주제가 될 수는 없는 것이다. 화려한 만찬에 메인요리가 빠진 경우라고 할 수 있다. 그 자리에 참석한 아랍지역 국가들의 주한대사나 기업인들의 입장에서 가장 궁금한 것은 대한민국 정부가 아랍지역에 대해 어떤 비전과 정책을 가지고 있느냐는 것이다.

결국 초안에 담아온 역사와 문화에 대한 부분은 일부 활용하면서 중심주제는 아랍지역에 대한 우리 정부의 정책을 담았다. "한국은 아랍 국가들과 더욱 견고한 협력관계를 구축해나가고자 한다.", "한국은 인적·물적·기술적 자원과 개발경험을 아랍 국가들과 공유할 준비가 되어 있다.", "한국은 아랍 국가들의 평화와 번영에 이바지하게 되기를 기대한다."는 내용이었다.

☞ 당사자들의 이야기로 눈높이를 맞춘다

얼마 전 각계 국민들과 이야기를 나누는 자리에서 서울 대치국민학교의 김종건 선생님이 제게 말했습니다.

"우리나라는 얼마 안 돼 선진국이 된다면서 어째서 학교는 수십 년 전과 조금도 다름없는 낡은 교실에다 학생 60명이 엉켜 콩나물 수업을 해야 하는가. 교실은 겨울에 아직도 조개탄을 때는 난로연기로 자욱하다. 선생님들이 체육시간을 마치고 땀을 씻을 샤워 시설이 따로 있나. 오륙십 명 교사들이 쓰는 교무실에 전화가 한 대밖에 없어 학부모들과 통화도 잘 할 수 없으니 이래서 바람직한 교육이 어떻게 이루어질 수 있겠느냐."는 것이었습니다.

저는 이러한 문제들을 개선하여 우리 교직자들의 긍지와 자존을 높여가는 일을 본격적으로 해나가야겠다는 생각입니다.(1989년 7월 10일, 라디오 주례방송 - 노태우 대통령)

12
천하에 명문장은 없다

명문장을 명연설문으로 착각하지 마라

"말 한마디가 세상을 바꾼다.", "한 장의 사진이 역사를 바꾼다."는 이야기를 듣게 된다. 그런 사례가 실제로 적지 않은 것도 사실이다. 그래서 연설을 할 때 '만인의 심금을 울리는 멋진 문장'에 대한 로망이 있다. 2012년 5월 중앙공무원교육원에서 공무원을 대상으로 강의할 때, 모두들 좋아할 만한 명문장(?) 하나를 소개했다.

"왜 오월을 신록新綠의 달이라고 하는지 아느냐. 오월의 풀잎은 푸르지만 탁하지 아니하고 오월의 풀잎은 여리지만 꺾이지 아니한다. 여러분도 푸르지만 탁하지 아니하고 여리지만 꺾이지 않는 공직자가 되기를 바란다."고 말했다. 누구의 말이냐고 물었다. 방금 내가 생각한 말이라고 했더니 모두들 웃음을 터뜨렸다. 유명한 사람의 말이었으면 좋았다는 아쉬움의 표시였을 것이다.

명문장과 명연설문을 착각하지 말라고 한 이유는 명문장에 얽매

이면 연설문을 쓰기가 너무 어렵기 때문이다. 첫째는 마음이 흐트러지고 둘째는 생각이 뒤엉키기 쉽다. 자칫 잘못하면 그럴듯한 말장난에 그칠 수도 있다. 우리가 이처럼 명문장에 대한 환상을 갖고 있는 것은 어릴 때부터 하나의 문장으로 되어 있는 명연설에 대한 잘못된 지식 때문일 수 있다.

연설의 감동은 여운으로 남아야 한다

대표적인 사례가 1963년 워싱턴에서 있었던 마틴 루터 킹 목사의 "나에게는 꿈이 있습니다.I have a dream"라는 연설이다. 이날 연설에 대해 모두들 이 한 문장만을 알고 있다. 그리고 그 문장 때문에 명연설이 되었다고 생각하고 있다. 그러나 킹 목사의 연설이 역사에 남는 명연설로 기억되는 이유는 그 문장 때문이 아니라 그 다음에 이어지는 그의 신념을 담은 구체적인 내용 때문이다.

"나에게는 꿈이 있습니다."라는 문장 다음에 "언젠가 이 나라가 모든 인간은 평등하게 태어났다는 것을 자명한 진실로 받아들이고 그 진정한 의미를 신조로 살아가게 되는 날이 오리라는 꿈입니다." 라는 멋진 근거를 담고 있다. 이런 식으로 반복되는 그의 연설의 내용이 수많은 사람들의 공감을 일으키고 엄청난 파장을 가져온 것이다.

우리 모두가 명연설문으로 기억하는 또 하나는 바로 케네디 미국 대통령의 취임사다. "조국이 여러분을 위해 무엇을 할 수 있는지 묻지 마시고 여러분이 조국을 위해 무엇을 할 수 있는지 자문해 보십시오."라는 문장 때문이다. 그런데 그보다 30여 년 전 도산 안창호 선생은 상하이에서 "대한의 아들딸들아. 너희가 진정 나라를 위한 일이라면 무엇을 할까라고 묻지 말고 무엇이든지 개조할 수 있느냐 없느냐를 묻겠노라."고 연설했다. 의미는 거의 비슷한 내용이었다. 이처럼 천하에 하나뿐인 명문은 없는 것이다.

우리가 쓰는 연설문에서 이처럼 멋진 문장을 고민할 것이 아니라 멋진 내용을 고민해야 한다. 멋진 내용은 멋진 고민의 산물로 나오게 될 것이다. 특히 공직자의 연설이 자칫 근거도 없는 '외침'이 된다면 그것은 일시적인 감동을 줄지는 몰라도 결국에는 무책임한 선동이나 마찬가지가 될 것이다.

☞ "나에게는 꿈이 있습니다."(1963년 8월 23일 - 마틴 루터 킹 목사)

"우리 역사에서 자유를 위한 가장 훌륭한 시위가 있던 날로 기록될 오늘 이 자리에 여러분과 함께하게 된 것을 기쁘게 생각합니다. 백 년 전, 한 위대한 미국인이 노예해방령에 서명을 했습니다. 지금 우리가 서 있는 이곳이 바로 그 상징적인 자리입니다. 그 중대한 선언은 불의의 불길에 시들어가고 있던 수백만 흑인 노예들에게 희망의 횃불로 다가왔습니다. 그 선언은 오랜 노예 생활에 종지부를 찍는 즐겁고 새로운 날의 시작으로 다가왔습니다.

(중략)

나에게는 꿈이 있습니다.

언젠가 이 나라가 모든 인간은 평등하게 태어났다는 것을 자명한 진실로 받아들이고 그 진정한 의미를 신조로 살아가게 되는 날이 오리라는 꿈입니다.

언젠가는 조지아의 붉은 언덕 위에 예전에 노예였던 부모의 자식과 그 노예의 주인이었던 부모의 자식들이 형제애의 식탁에 함께 둘러앉는 날이 오리라는 꿈입니다.

언젠가는 불의와 억압의 열기에 신음하던 저 황폐한 미시시피 주가 자유와 평등의 오아시스가 될 것이라는 꿈입니다. 나의 네 자녀들이 피부색이 아니라 인격에 따라 평가받는 그런 나라에 살게 되는 날이 오리라는 꿈입니다.

오늘 나에게는 꿈이 있습니다.

주지사가 늘 연방 정부의 조처에 반대할 수 있다느니, 연방법의 실시를 거부한다느니 하는 말만 하는 앨라배마주가 변하여, 흑인 소년, 소녀들이 백인 소년, 소녀들과 손을 잡고 형제자매처럼 함께 걸어갈 수 있는 상황이 되는 꿈입니다.

오늘 나에게는 꿈이 있습니다.

어느 날 모든 계곡이 높이 솟아오르고 모든 언덕과 산은 낮아지고 거친 곳은 평평해지고 굽은 곳은 곧게 펴지고 하나님의 영광이 나타나 모든 사람이 함께 그 광경을 지켜보는 꿈입니다. 이것이 우리의 희망입니다. 이것이 내가 남부로 돌아갈 때 가지고 가는 신념입니다. 이런 신념을 가지고 있으면 우리는 절망의 산을 개척하여 희망의 돌을 찾아낼 수 있을 것입니다.

(중략)

자유가 울려 퍼지게 할 때, 모든 마을, 모든 부락, 모든 주와 도시에서 자유가 울려 퍼지게 할 때, 우리는 더 빨리 그날을 향해 갈 수 있을 것입니다. 신의 모든 자손들, 흑인과 백인, 유태인과 이교도, 개신교도와 가톨릭교도가 손에 손을 잡고 옛 흑인 영가를 함께 부르는 그날이 말입니다. "드디어 자유, 드디어 자유, 전지전능하신 하나님, 우리가 마침내 자유로워졌나이다."

☞ 도산 안창호 선생과 케네디 미국 대통령의 연설

"대한의 아들딸들아. 너희가 진정 나라를 위한 일이라면 무엇을 할까라고 묻지 말고 무엇이든지 개조할 수 있느냐 없느냐를 묻겠노라. 만일 그대의 마음과 행동을 개조할 수 있다면 어서 개조의 길로 나서거라. 너의 힘과 나의 힘을 모아서 앞으로 나가자."(1920년대 후반 〈민족개조론〉 중 - 도산 안창호 선생)

"친애하는 미국 국민 여러분, 조국이 여러분을 위해 무엇을 할 수 있는지 묻지 마시고 여러분이 조국을 위해 무엇을 할 수 있는지 자문해 보십시오. 친애하는 세계 시민 여러분, 미국이 여러분을 위해 무엇을 베풀어 줄 것인지 묻지 마시고 인류의 자유를 실현하기 위해 우리가 함께 손잡고 무엇을 할 수 있는지 자문해 보십시오."(1961년 1월 20일, 대통령 취임사 중 - 케네디 대통령)

13
인용과 조크는 절제한다

인용은 한두 차례면 충분하다

　자기 글이 아닌 공식적인 연설문을 처음 쓸 때, 공통적으로 나오는 습관이 있다. 동서고금의 유명한 말부터 찾기 시작하는 것이다. 고사성어에서 유명 인사들의 명언명구名言名句를 인용하고 심지어 외국의 유명한 경제학자를 비롯한 석학들의 말씀까지 줄줄이 모은다.
　처음 누군가를 만날 때 "○○○를 아느냐?", "○○○를 만난 적이 있느냐?"며 유명 인사들의 이름을 거론하는 사람들을 종종 보게 된다. 이는 유명한 사람들의 이름을 통해 자신의 신뢰를 확보하려는 노력으로 보인다. 좀 더 나쁘게 생각하면 유명하다고 생각되는 사람에 기대어 자신의 위상을 과시하려는 것이라고 볼 수도 있다.
　심하게 말하면 연설도 이와 다르지 않다고 할 수 있다. 연설은 기본적으로 자기 말을 해야 한다. 자신의 생각, 자신이 몸담고 있는 기관의 정책을 말하는 것이다. 물론 나의 이야기를 좀 더 설득력 있게 전달하기 위한 방편으로 다른 사람의 이야기를 유용하게 사용할 수 있다. 하지만 정도껏 해야 한다.

인용할 때도 5분 분량의 연설일 경우 많아도 두 차례 이상은 곤란하다. 너무 인용이 많아지면 청중들이 누구의 말인지에 대한 혼란을 가져오게 된다. 또한 인용할 때는 청중들이 대다수 알고 있는 사람의 말을 인용해야 한다. 아무도 모르는 사람, 자신만이 알고 있는 사람의 말은 청중들과의 소통에 큰 도움이 되지 않기 때문이다. 속담이나 고사성어도 가급적 모두가 알고 있는 쉬운 것들이 오히려 효과적이다. 쉬운 말을 얼마나 적절하게 인용하느냐가 중요한 것이다. 그래야 청중의 반응이 바로 나올 수 있다.

다만 국가 간의 행사에서는 외교적인 차원에서 공감과 예우를 하기 위해 여러 차례 인용할 수도 있다. 상대방의 저서나 정책, 연설 내용 등을 적극적으로 인용할 수 있는 것이다. 그것은 상대방에 대한 칭찬으로부터 시작하는 외교행사의 기본이라고 할 수 있다. 극단적으로 말하면 이때의 청중은 그 행사에 참석한 사람들이 아니라 그 행사를 마련한 상대국의 주빈이라고 할 수 있다.

조크는 신중해야 한다

조크에 대해서도 강박관념이 있다. 한마디의 조크로 청중을 휘어 잡아야 한다는 전문가들의 조언도 적지 않다. 하지만 조크도 품위가 있어야 한다. 그냥 분위기를 띄우기 위한 '웃기는 이야기'는 곤란하다. 특히 외국인들이 참석하는 행사의 경우에는 더더욱 그렇다. 따라서 조크에 대한 부담을 떨쳐야 한다.

"약방의 감초."라는 말이 있다. 한방에서 모든 약을 제조할 때 들어간다는 약재다. 이 감초의 진정한 의미는 모든 약에 들어가는 것이 아니라 적절한 양을 사용해야 한다는 것일 수도 있다. 연설에서 쓰는 인용이나 조크도 이러한 감초와 비슷한 역할을 한다고 볼 수 있다.

☞ 조크를 찾아라

2000년 3월의 일이다. 김대중 대통령의 이탈리아, 프랑스, 독일 등 유럽 3개국 순방을 앞두고 있었다. 모든 연설문 준비가 끝나고 출발을 하루 정도 앞두고 있던 저녁 10시 무렵이었다. 대통령의 해외순방에는 현장에서 연설문 작업을 지원하기 위해 연설비서관실의 행정관이 한 명씩 수행하게 되어 있었다. 사전에 모든 연설문을 준비해서 대통령의 재가를 받지만 현지에서 수정이 있을 수 있고 상황이 바뀔 수도 있기 때문이다. 그때 유럽순방에는 내가 수행을 하도록 되어 있었다. 나는 준비된 연설문을 챙기면서 떠날 준비를 하고 있었다.

그때 대통령의 한 줄 지시사항이 내려왔다. 유럽순방의 첫 번째 방문국인 이탈리아에서 있는 경제인연합회 초청 만찬 연설에 조크를 추가하라는 말씀이었다. 유럽 사람들은 식사하는 자리에서 조크를 즐기기에 적당한 조크가 분위기를 돋우는 데 매우 좋다는 어떤 지인의 말씀이 있었던 것 같다.

대통령의 조크는 정말 어렵다. 우리가 사석에서 흔히 하는 그런 조크는 거의 쓸 수가 없다. 품격이 있는 조크, 의미가 있는 조크여야 한다. 물론 사람들의 웃음과 공감은 기본이다. 외교팀을 비롯한 여러 경로로 시간이 없으니 두 시간 안에 자료를 보내달라고 급히 요청했다. 무작정 자료를 기다릴 수도 없는 형편이라 고민이 시작되었다. 관련 기관에서 보내온 자료는 예상했던 대로 대부분 이탈리아 속담 정도의 수준이었다.

새벽 2시 정도 되었을 때였다. 문득 갖고 있던 자료 중에서 이탈리아 경제인연합회 회장의 취미가 눈에 띄었다. 스포츠카와 오토바이 타기를 좋아하는 속도광이라는 내용이었다. 그 한 줄에 기대어 조크 아닌 조크를 만들 수밖에 없었다.

"지금의 인터넷 시대는 바로 속도와의 전쟁이라고 합니다. 그런 면에서 이탈리아 경제의 앞날은 매우 밝다고 생각합니다. 속도에 관한 한 타의 추종을 불허하는 베네디니 회장이 계시기 때문입니다."

나는 행사장에는 수행하지 않기 때문에 호텔에서 결과를 궁금해하고 있었다. 다행히 그 부분에 대한 현장의 분위기는 꽤 좋았다고 했다. 대통령을 초청하고 바로 옆자리에 앉아있던 회장은 자신의 취미를 소재로 말씀해준 데 대해 매우 흡족했을 것이다. 이 이야기에는 몇 가지 전달하고 싶은 내용이 있었다. 초청자의 취미를 통해 이탈리아 경제인들에 대한 깊은 관심을 표시하고 또 인터넷을 거론함으로써 우리나라가 세계에 앞서가는 인터넷 강국이라는 자부심을 보여주고 싶었던 것이다.

그렇게 잠이 들려고 하는데 다시 한 통의 전화가 왔다. 남아 있는 순방행사 가운데 오찬이나 만찬의 연설에 조크를 추가하라는 지시였다. 베를린까지 순방 행사를 마치는 동안 밤마다 그 '조크'에 매달려 지낸 것 같다. 물론 대통령께서 지시한 조크는 꼭 웃기는 이야기가 아니라 좀 더 부드러운 소재, 연설의 맛을 더해줄 수 있는 가벼운 것을 찾는 것이라고 생각했다. 그때 사례들은 다음과 같다.

"프랑스에 '아름다운 시도 잘 차린 성찬만 못하다.'는 말이 있듯이, 한국에는 '금강산도 식후경.'이라는 속담이 있습니다. 오늘 이처럼 잘 차려진 오찬을 보면 저는 이번 프랑스 방문의 성공을 실감합니다."(2000년 3월 7일, 조스팽 프랑스 총리 주최 오찬 답사 - 김대중 대통령)

"총리께서 국수요리에 조예가 깊다는 이야기를 들었습니다. 한국에서는 혼인잔치 같은 좋은 일이 있을 때 국수를 먹는 풍습이 있습니다. 헷센주에 좋은 일이 많이 생기고 번성하는 것은 총리께서 국수를 많이 만드셔서 그런 것이 아닌가 하는 생각을 하게 됩니다."
(2000년 3월 8일, 코흐 독일 헷센주 총리 내외 주최 오찬 답사 - 김대중 대통령)

"독일의 시인 실러는 '친구는 기쁨을 두 배로 해주고 슬픔을 반으로 해준다.'고 했습니다. 한국과 독일이 그처럼 마음 든든한 친구 관계로 더 한층 발전할 수 있기를 바라 마지않습니다."(2000년 3월 8일,

독일 경제인 초청 연설 - 김대중 대통령)

"나는 오늘 라우 대통령 각하와 만나면서 '진정으로 친구를 사귀려면 그 친구가 우리에게 오는 것보다 우리가 그 친구에게 가서 어떻게 지내는지 보는 것이 더 좋다.'고 한 괴테의 말을 되새겨 보게 됩니다. 그 말의 참뜻대로 오늘 이 자리에서 맺어진 나와 대통령 각하와의 소중인 인연이 바탕이 되어 한국과 독일 양국 관계를 21세기 긴밀한 동반자 관계로 발전시킬 수 있기를 바랍니다."(2000년 3월 9일, 라우 독일 대통령 내외 주최 국빈만찬 답사 - 김대중 대통령)

14
연설의 맛을 살린다

　지금까지 연설문의 구성안을 중심으로 연설문을 쓰는 방법에 대한 설명이었다. 좀 더 쉽게 쓰기 위한 방법, 좀 더 실용적인 방법이라고 할 수 있다. '연설문은 글이 아니다.'라는 의미는 내용을 중심으로 고민해야 한다는 것을 강조한 것이다. 그것은 지나칠 정도로 화려한 수사와 그럴듯한 말에만 매달리는 현실 때문이다.

　연설을 하는 사람은 무엇인가 멋있는 말을 아쉬워하기 마련이다. 청중들도 귀에 쏙 들어오는 한마디를 원할 수 있다. 연설의 맛을 살린다는 것이 바로 이를 위한 것이다. 일종의 포장술이라고 할 수도 있고 화장술이라고도 할 수 있다. 하지만 무조건 화려한 포장이나 진한 화장이 능사가 아니듯이 연설의 맛도 절제의 미를 살릴 때 살아날 것이다. 그동안 역대 대통령과 국무총리의 연설 가운데서 여기에 해당되는 사례들을 찾아보고자 한다.

칭찬에도 품격이 있다

"프랑스가 인류 역사에 남긴 유산은 일일이 열거할 수 없이 많습니다. 그 가운데서도 나는 두 가지 위대한 업적에 주목하고자 합니다. 바로 18세기 프랑스 대혁명과 20세기 유럽통합입니다. 자유 평등 박애의 혁명정신은 인류의 보편적 가치가 되었고 '인간과 시민의 권리선언'에서 밝힌 권력분립과 국민주권의 원리는 민주주의의 근간을 이루고 있습니다. 지금의 유럽통합 역시 21세기 세계질서가 나아가야 할 이정표가 되고 있습니다."(2001년 12월 8일, 프랑스 하원의장 주최 리셉션 연설 - 노무현 대통령)

"다산茶山 선생께서는 18년간 힘든 유배생활 속에서도 5백여 권에 달하는 저서를 남기셨습니다. 이처럼 위대한 학문적 성취는 후대에까지 큰 귀감이 됩니다. 그가 공직자의 덕목으로 남긴 72조 가운데 특히 청심淸心, 찰물察物 등은 제가 총리로 재직하는 동안 '목민실행牧民實行'의 지침이었습니다. 다산이 그처럼 긴 유배 중에서도 학문에 정진하여 훌륭한 저술을 남긴 것을 보면서 오직 일생을 학문발전에 기여해 오신 학술원 회원 여러분의 헌신에 거듭 경의를 표합니다."(2009년 9월 17일, 제54회 대한민국 학술원상 시상식 치사 - 한승수 국무총리)

"중국의 고전 주역周易에는 '두 사람이 힘을 합하면, 그 예리함이 쇠도 자른다.二人同心 基利斷金'는 말이 있습니다. 그 말의 의미대로 이번 포럼이 아시아 각국의 지혜와 힘을 모으는 '다국동심'多國同心의 계기가 될 것으로 기대합니다."(2014년 4월 10일, 중국 보아오포럼 개막식 연설 - 정홍원 국무총리)

청중의 관심사를 통해 공감대를 확산한다

"모스크바 대학이 낳은 문호 곤차로프는 러시아인으로서 첫 뿌짜찐 제독을 수행하여 한국 땅을 밟았던 길에 깊게 패인 수레바퀴 자국들을 보고 한국인이 근면하고 생활력이 강한 것을 알았으며 신기하게도 가난한 사람들까지 시를 쓸 만큼 학식이 있다고 썼습니다. 그는 이렇게 말했습니다.

'한국인들은 그들에게 질문을 했을 때 진실을 말한다. 그들은 그 어느 것도 기탄없이 이야기한다. 동아시아의 다른 나라 사람이라면 이런 일은 말하지 않았을 것이다. 바로 이런 이유로 한국인들은 유럽에 무난하고 신속하게 접근할 수 있을 것이다.'"(1990년 12월 14일, 모스크바대학 연설 - 노태우 대통령)

"이곳 조어대釣魚臺는 옛날 중국의 황제가 낚시를 즐기던 곳이라고 하더군요. 옛말에 '항상 낚싯대를 던져놓고 준비하고 있으라. 없을 것 같아 보이는 곳에도 언제나 고기는 있을 수 있다. 기회는 어디에든지 있다.'고 했습니다. 여러분은 남들보다 앞서 중국 대륙에서 오늘을 준비해 왔습니다. 이제 여러분이 마음 놓고 활동할 수 있

는 기회가 왔습니다."(1992년 9월 27일, 재중국동포 초청 리셉션 – 노태우 대통령)

"옐친 대통령께서는 1991년 8월 미국 내셔널 프레스센터 연설에서 다음과 같이 말씀하셨습니다. '나는 믿습니다. 러시아는 새롭게 태어날 것입니다. 러시아의 재탄생, 경제의 재탄생, 러시아 영혼의 재탄생, 러시아인의 재탄생을 우리는 보게 될 것입니다.' 저와 한국 국민은 옐친 대통령의 이 말씀이 가시화되고 있는 것으로 믿습니다."(1994년 6월 3일, 옐친 러시아 대통령 내외 주최 만찬 답사 – 김영삼 대통령)

"서베를린의 자유는 곧 서울의 자유였습니다. 서베를린이 봉쇄되었을 때, 베를린 장벽이 설치되었을 때 서울은 지대한 관심을 가졌습니다. 서울이 점령당했을 때, 서울이 끊임없이 위협받을 때 여러분은 격려와 지원을 아끼지 않았습니다. 베를린 장벽이 무너져 번슈타인의 베를린 필하모니가 베토벤의 제9교향곡 '환희'를 '자유'로 노래했을 때 서울은 진정 환희였습니다. 서베를린의 승리는 서울의 승리였기 때문입니다."(1995년 3월 7일, 독일외교3단체 초청 연설, – 김영삼 대통령)

"소파 방정환 선생님은 '어린이는 어른보다 더 새로운 사람입니다. 우리 어른보다 더 새로운 시대의 새 인물입니다.'라고 했습니다. 여러분의 앞에는 무한히 펼쳐질 새로운 시대와 새로운 세계가

있습니다.(중략)

　하늘을 나는 새들처럼, 벌판을 달리는 냇물처럼 여러분의 미래를 향해 마음껏 뛰어가기 바랍니다."(1995년 5월 5일, 어린이날 메시지 - 김영삼 대통령)

"영국의 왕립지리학회 회원이었던 이사벨라 버드 비숍 여사는 19세기 말 한국을 네 차례나 방문해『한국과 그 이웃나라들』이라는 여행기를 남겼습니다. 그녀는 당시 주변 강대국의 각축으로 가난에 고통받고 있던 우리 국민의 삶을 보면서도 '한국인은 올바른 제도와 행정 시스템이 서게 되면 언젠가는 반드시 번영할 국민이다.'고 예견했습니다. 1세기가 지난 지금 한국은 세계 10위의 경제대국으로 일어섰습니다. 영국인은 늘 한국인을 바로 이해하고 신뢰해주었습니다."(2004년 12월 2일, 런던시장 주최 만찬답사 - 노무현 대통령)

"황소는 증권시장에서 활황을 뜻합니다. 소의 해인 기축년을 맞아 새삼 그 의미를 되새기게 됩니다. 또한 오늘은 입춘입니다. 봄이 시작된다는 날입니다. 입춘대길立春大吉이라는 말처럼 우리 금융산업이 오늘을 기해 활짝 피어나게 되기를 바랍니다."(2009년 2월 4일, 한국금융투자협회 창립 기념식 치사 - 한승수 국무총리)

속담을 통해 이해를 돕는다

"말레이시아에는 '가벼우면 같이 들고, 무거우면 같이 짊어진다.' 는 속담이 있는 것으로 알고 있습니다. 우리나라에도 이와 유사한 뜻을 가진 '백지장도 맞들면 낫다.'는 말이 있습니다."(1996년 11월 26일, 말레이시아 국왕 주최 만찬 답사 - 김영삼 대통령)

"'어둠이 깊으면 새벽이 멀지 않다.'는 말이 있습니다. 구조조정의 성과가 본격적으로 나타나게 될 내년 중반부터 우리 경제는 다시 플러스 성장을 회복할 수 있을 것이며, 재도약의 희망 속에 2000년을 맞이할 수 있다고 저는 확신하고 있습니다."(1998년 9월 28일, 경제기자회견 서두 말씀 - 김대중 대통령)

"'많은 세월의 햇볕이 사막을 만든다.'는 아랍의 속담처럼 지난 62년 수교 이래 오랫동안 쌓아온 한국과 사우디아라비아간의 우호협력관계가 이번 왕세자 전하의 방한으로 더욱 두터워질 것으로 기대합니다."(1998년 10월 24일, 압둘라 사우디아라비아 왕세자를 위한 오찬 연설 - 김대중 대통령)

"독일은 지난 1960년대 한국의 경제개발 과정에 물심양면으로 지원해 주었습니다. 그리고 2년 전 우리가 경제위기를 당했을 때도 독일의 대규모 경제사절단이 한국을 방문하여 어려움과 힘겨움 속에서 개혁의 의지를 다지고 있었던 우리 국민에게 격려와 용기를 주었습니다. '참다운 우정은 추운 겨울에도 얼지 않는다.'는 독일 속담 그대로였습니다. 우리 두 나라 사이의 긴밀한 우호협력 관계는 지금도 여러 곳에서 확인되고 있습니다."(2000년 3월 9일, 라우 독일대통령 내외 주체 국빈만찬 답사 - 김대중 대통령)

"일본에는 '일립만배', 즉 한 알의 씨앗을 심으면 수만 알의 곡식을 얻을 수 있다는 말이 있는 것으로 알고 있습니다. 이 말과 같이 지금 이 시점에 우리가 역사를 향하여 성공적으로 내딛는 한 걸음은 앞으로 우리 후손들에게 축복되고 풍요로운 미래를 안겨줄 수 있을 것입니다. 이제 전 세계가 우리를 주목하고 있습니다. 우리 양국이 계속 합심하고 협력하여 앞으로 있을 2002년 월드컵까지 성공시킨다면 양국의 우호협력 관계는 더욱 튼튼해질 수 있을 것입니다."(2000년 5월 29일, 모리 일본총리를 위한 오찬 연설 - 김대중 대통령)

"'옷깃만 스쳐도 인연'이라는 말이 있는데 여기 계신 여러분은 6·25 이후 최대 국난이라는 외환위기를 극복하는 과정에서 모두 힘을 합쳐 노력한 분들로 기억에 오래 남을 것입니다. 그동안 우리 목표는 오직 한 가지였습니다. 외환위기 극복과 경제발전을 이루어 국민의 생활을 편안하게 하고 국가의 위상을 높여 세계 일류국가를 만들자는 생각뿐이었습니다."(2001년 8월 22일, IMF지원자금 상환기념 만찬 말씀 - 김대중 대통령)

"일본 속담에 '아이들은 부모의 등을 보며 자란다.'는 말이 있습니다. 부모가 살아가는 모습이야말로 자라나는 세대에게 가장 귀한 가르침이 된다는 뜻이라고 이해하고 있습니다. 우리는 이 아이들에게 어떤 등, 어떤 모습을 보여 주어야 하겠습니까? 우리 모두 마음에 가지고 있는 담장을 허물어 냅시다. 진정한 화해와 협력의 시대를 열어 갑시다. 그래서 우리의 후손들에게 더욱 멋지고 밝은 미래를 물려줍시다."(2003년 6월 9일, 일본 국회연설 – 노무현 대통령)

"'끝이 좋으면 다 좋다.'는 말이 있습니다. 나는 그동안 모두 스물두 차례의 정상회담을 가졌습니다. 그리고 오늘 올해의 마지막 정상회담을 성공적으로 마쳤습니다. 그래서 더욱 기쁩니다." (2003년 12월 9일, 부테플리카 알제리 대통령을 위한 만찬사 – 노무현 대통령)

"우리 속담에 '백 번 듣는 것보다 한 번 보는 것이 낫다.'는 말이 있습니다. 어제 이 곳, 아스타나에 도착해서 그 말을 실감했습니다. 중앙아시아 중추국가인 카자흐스탄의 활력을 피부로 느낄 수 있었습니다."(2004년 9월 20일, 나자르바예프 카자흐스탄 대통령 내외 주체 오찬 답사 – 노무현 대통령)

"'포도주와 친구는 오래될수록 좋다.'는 말이 있듯이, 곧 수교 120년을 맞는 우리 두 나라는 더욱 가까운 동반자 관계로 발전해 나갈 것으로 믿습니다."(2004년 12월 6일, 라파랭 프랑스 총리 주최 만찬 답사 – 노무현 대통령)

"자유무역협정은 공동의 이익을 실현하기 위한 수단입니다. 자유무역협정이 발효되었다고 저절로 효과가 나타나는 것이 아닙니다. '구슬이 서 말이라도 꿰어야 보배.'라는 속담처럼 자유무역협정을 올바로 이해하고 적극 활용해야 그 효과를 극대화할 수 있습니다. 그런 점에서 이번 자유무역협정 활용 박람회는 자유무역협정을 실제로 활용할 수 있는 정보의 마당이 될 것입니다."(2007년 11월 28일, 2007 자유무역협정 활용 박람회 개회식 축사 – 한덕수 국무총리)

"새마을 운동은 국제개발협력의 새로운 모델로 주목받고 있습니다. 새마을 운동의 가장 큰 특징은 '주민 참여형' 지역개발 방식을 통해 주민 스스로의 역량을 키우는 데 있습니다. (중략) '물고기를 잡아주기보다는 물고기 잡는 법을 알려주라.'는 말이 있습니다. 우리는 이러한 '자립'의 힘을 믿고 있습니다. 새마을 운동으로 더 많은 개도국들이 행복한 지구촌시대를 함께 열어가게 되기를 바랍니다." (2014년 10월 22일, 제1회 지구촌 새마을 지도자대회 개회식 축사 – 정홍원 국무총리)

"'바닷물이 닿는 곳에 화교가 있다.'는 말이 있습니다. 현재 우리나라에도 중국, 대만 등 중국어권 국가에서 온 사람들이 80만 명을 넘고 있습니다. 우리 정부는 이들을 비롯한 외국인들을 돕기 위해 다양한 노력을 기울이고 있습니다. 앞으로도 우리 국민과 정부는 외국인들이 우리나라에서 자신의 꿈을 펼쳐 나가는 데 배려와 지원을 아끼지 않을 것입니다."(2013년 9월 4일, 제46회 세계중문신문협회 서울

총회 – 정홍원 국무총리)

고사성어故事成語 등을 통해 강조한다

"남북의 유엔 가입은 한반도에서도 냉전체제가 무너지고 있음을 단적으로 말하는 것입니다. 동중부 유럽은 물론 종주국인 소련에서까지 공산당이 간판을 내렸습니다. 한극필우旱極必雨, '가뭄이 극심하면 반드시 비가 내린다.'는 옛말이 있습니다. 공산주의의 한계를 세계가 실증하고 있는 지금 북한만이 버틸 수는 없습니다. 북한이 지금까지의 완강한 반대 태도를 전환하여 유엔에 들어온 것은 어쩔 수 없이 변화할 수밖에 없는 북한의 현실을 말하는 것입니다."(1991년 9월 20일. 시애틀 교민 초청 리셉션 – 노태우 대통령)

"'흐르는 물의 맑고 탁함은 오로지 그 원천에 달려 있다.流水淸濁在基源'는 말이 있습니다. 정부만이 아니라 사회 전 분야의 지도층이 먼저 깨끗해져야 합니다. 나의 윗물 맑기, 즉 내가 재산을 공개하고 단 한 푼의 돈도 받지 않겠다고 역사 앞에 약속한 것은 우리의 개혁은 자기 자신부터 시작해야 되겠다는 뜻입니다. 남의 탓이 아니라 내 탓이라는 것을 먼저 깨닫자는 것이며, 또 지금부터라도 스스로 달라지자는 것입니다. 이런 뜻에서 새 정부에 있어 국가기강 확립의 대도大道는 하나도 '윗물맑기'요, 둘도 '윗물맑기'입니다."(1993년 3월 17일. 국가기강확립 보고회의 – 김영삼 대통령)

"21세기를 평화의 시대로 만들어 가기 위해 지금 가장 절실한 것은 무엇이겠습니까. 저는 그것을 '대화와 협력'이라고 생각합니다. 종교 간의 대화, 문명 간의 대화, 인종 간의 대화 그리고 선·후진국 간의 대화가 절실합니다. 대화가 있는 곳에 이해가 있고 이해가 있는 곳에 협력이 있습니다. 유네스코 헌장은 '전쟁은 인간의 마음에서 시작된다.'고 말하고 있습니다. 이번 포럼이 전쟁의 문화를 씻어 내고 '대화와 협력'의 문화를 심는 자리가 되기를 바라 마지않습니다."(2002년 3월 8일, 미국 오거스타나 대학 노벨상평화포럼 축하메시지 - 김대중 대통령)

"한·중 두 나라는 서로에게 좋은 동반자가 될 수 있는 조건을 갖추고 있습니다. 양국은 우선 지리적으로 가깝고 같은 유교문화권에 속해 있습니다. 역사적으로도 수천 년간 우호친선 관계를 이어왔습니다. 무엇보다 양국의 경제는 상호보완성이 강합니다. 더욱이 중국의 WTO 가입과 2008년 베이징 올림픽 유치 등으로 양국 간 협력의 가능성은 더욱 커졌습니다. 중국의 월드컵 본선 참가와 부산아시안게임은 오래 2002년을 더 큰 협력과 발전을 이루는 명실상부한 '한·중 국민교류의 해'로 만들 것입니다. 중국의 저명한 사상가 루쉰은 '처음에는 길이 없었다. 많은 사람이 지나가면 거기에 길이 생긴다.'고 했습니다. 오늘의 이 자리가 양국 간 투자와 협력의 큰길을 닦는 뜻 깊은 계기가 되기를 바라면서 여러분 모두의 건승을 기원합니다."(2002년 3월 26일, 한·중 투자포럼 개막식 축하 메시지 - 김대중 대통령)

"얼마 전 발견된 윤봉길 의사의 순국 장면은 그분의 의로운 기개와 불굴의 용기를 다시금 확인시켜 주었습니다. 백범일지에 기록된 대로 '거사 당일 아침식사 자리에서 그의 태연자약함은 마치 농부가 일터에 나가려고 밥을 먹는 모양과 같았다.'는 의사의 의연한 모습을 다시금 확인해 주는 사진이었습니다."(2002년 4월 29일, 윤봉길 의사 상해의거 70주년 기념식 메시지 – 김대중 대통령)

"'인재는 태어나는 것이 아니라 만들어진다.'는 말이 있습니다. 인재를 키우는 일에 우리 사회 모두가 나서야 합니다. 자라나는 인재는 인류 공동의 자산입니다. 인류의 번영을 이끌고 지구촌의 내일을 선도할 미래의 인재를 발굴하고 양성하는 데 더욱 관심을 가져주시기를 바랍니다."(2007년 6월 1일, 2007 호암상 시상식 축사 – 한덕수 국무총리)

"오늘 우리가 역사를 기억하고 이를 기념하는 것은 무엇 때문입니까. 20년 전 독립기념관 건립문에도 밝혀 있듯이, '반만년 긴 역사 속에 수없는 외침을 물리친 우리 민족의 자주독립의 숭고한 정신을 되새겨 이를 후손에 전하고 조국 통일의 원동력으로 승화시키기 위해서'라고 저는 생각합니다. 우리가 역사에 더욱 큰 관심과 애정을 갖고 이를 지켜나갈 때 우리 역사를 왜곡하려는 어떠한 움직임도 힘을 잃고 사라질 것입니다. '역사를 잊은 민족에게 미래는 없다.'고 합니다. 지금은 우리 모두 지난 역사를 교훈 삼아 더 나은 내일을 위해 힘과 지혜를 모아야 할 때입니다."(2007년 8월 14일, '독립기

념관 20년사' 발간 축사 – 한덕수 국무총리)

"일의대수一衣帶水라는 말이 있습니다. '옷의 띠와 같이 좁은 물' 이라는 뜻으로 실개천을 사이에 둔 가까운 이웃관계를 의미합니다. 지금 한·중 관계가 바로 이와 같습니다. 양국은 수교 15년이란 짧은 기간에도 불구하고 황해가 작은 실개천처럼 느껴질 정도로 가까운 이웃이 되었습니다. 정치·경제·사회·문화 등 다양한 분야에서 세계에 유례가 없을 정도로 비약적인 발전을 이루었습니다. 양국은 머지않아 연간 무역규모 2천억 달러, 인적교류 1천만 명 시대를 열게 될 것입니다."(2007년 12월 10일, 2007 한·중 교류의 해 폐막식 축사 – 한덕수 국무총리)

"전국의 공직자 여러분, 우리 앞에는 많은 과제가 남아 있습니다. 국운융성은 결코 말로만 이룰 수 있는 것이 아닙니다. '사예즉립事豫卽立'이라는 말이 있습니다. 모든 일을 미리 준비하면 반드시 이룰 수 있다는 '중용'의 가르침을 되새겨야 할 것입니다. 정책이 결정되고 난 후의 피드백feedback뿐 아니라 정책 결정전에 미리 정책이 미칠 영향을 점검하는 피드포워드feedforward 과정을 강화해나가야 합니다."(2010년 1월 4일, 2010년 정부 시무식 인사 – 정운찬 국무총리)

"방송통신 산업이 한층 더 성장하게 된다면 많은 청년들이 구직의 기회를 갖게 될 것입니다. 하지만 이렇게 되기 위해서는 방송통신인 여러분이 더 힘을 내주셔야 합니다. '주마가편走馬加鞭'이라는 말이 있듯이, 지금까지도 잘 해오셨지만 올 한해 더 큰 도약을 이뤄주시기 바랍니다."(2014년 1월 6일, 방송통신인 신년인사회 – 정홍원 국무총리)

"부패척결 노력은 우리나라의 명운이 걸려 있다는 각오 아래 결코 일과성이 아니라 우리 국민이 완전히 달라졌다는 것을 느낄 수 있을 때까지 계속될 것입니다. 말로는 뜻을 다하지 못한다는 '언부진의言不盡意'라는 말이 있듯이, 정부는 말이 아니라 단호한 행동으로 반드시 부정과 비리의 뿌리를 뽑아나갈 것입니다."(2014년 8월 11일, 한국기자협회 창립 50주년 기념식 축사 – 정홍원 국무총리)

15
연설문을 쓰기 위한 자료는 어떻게 찾는가?

연설 자료는 머릿속이 아니라, 책상 위에 있다

글만 쓰기 시작하면 "머리에 쥐가 난다."고 말하는 사람들이 있다. 그것은 자신의 지식과 경험에 의지하여 글을 쓰려고 하기 때문이다. 물론 자신의 이름으로 쓰는 글이라면 당연히 그렇게 해야 한다. 하지만 공직자나 직장인들이 사무실에서 일로써 쓰는 글은 그래선 안 된다. 공적인 글은 머릿속에 있는 지식과 경험이 아니라 책상 위에 있는 자료를 잘 찾아서 가지런히 정리하는 작업이라고 생각해야 한다.

그렇다면 연설문을 비롯한 공식적인 글을 쓰기 위해 필요한 자료는 어디에서 어떻게 찾을 수 있을까? 처음 연설문을 쓰기 시작했을 때, 자료를 찾는 일조차 여간 힘든 일이 아니었다. 사무실에서도 200자 원고지에 볼펜이나 만년필로 글을 쓰던 시절이었다. 인터넷은 물론 상상도 못하던 때였고 PC도 청와대 공보수석실 전체에 한

대가 있었다. 어떤 행사와 관련한 기초적인 현황을 알기 위해서도 관련 부처로부터 전화나 팩스로 확인하거나 일일이 도서관을 찾아야 했다.

　1995년, 어린이날 대통령 메시지를 준비하면서 '어린이날' 노랫말을 인용해서 쓰고 싶었다. 그런데 "날아라 새들아 푸른 하늘을, 달려라 냇물아 푸른…" 그 다음 말이 '들판'인지 '벌판'인지 자신이 없었다. 갑자기 어디서 확인할까 하다가 가까운 초등학교에 전화했다. 전화를 받은 선생님께 "죄송하지만 어린이날 노래 한번 해 달라."고 부탁을 했다. 뜬금없는 부탁에 당황해하던 선생님이 "푸른 벌판을"이라고 불렀다. 그래서 그해 어린이날 메시지의 마무리를 "하늘을 나는 새들처럼, 벌판을 달리는 냇물처럼 여러분의 미래를 향해 마음껏 뛰어가기를 바랍니다."라고 썼다.

　그런 면에서 지금은 자료를 찾기가 너무 편리하다. 검색 한 번으로 대부분의 필요한 자료를 찾을 수 있다. 자료의 양도 넘쳐날 정도로 많다. 하지만 지금도 연설문을 쓰기 위한 자료들을 찾는 데 어려움을 겪고 있다. 무엇 때문일까? 그것은 아마도 필요한 자료를 가려내지 못하는 데 따른 어려움일 것이다. 또 너무 많은 자료에 쌓여 시간을 허비하는 지도 모른다. 처음 연설문을 쓰는 직원들을 보면 행사의 연관 단어를 검색하여 모든 자료를 모은다. 그것은 편리함이 가져온 낭비라고 할 수 있다.

연설 자료를 찾는 순서

자료를 찾는 순서는 첫째는 행사 주최 측이나 관련 기관에서 보내온 초안과 참고자료를 면밀히 살펴보는 일이다. 행사의 목적, 듣고 싶은 이야기 등등 대부분의 실마리가 거기에 있다. 둘째는 연설하는 사람의 최근 발언내용이다. 특히 행사와 연관된 발언은 반드시 활용해야 할 필수자료라고 할 수 있다. 셋째는 행사와 관련된 정책을 찾아보아야 한다. 요즘은 관련 부처의 홈페이지만 들어가면 대부분 알 수 있는 일이다. 넷째는 그와 관련된 정부의 국정운영방향이다. 정부마다 국정목표와 국정과제 등이 정리되어 있기 마련이다. 그 방향과 부합해야 하기 때문이다.

이러한 순서에 따라 자료를 찾아가면 원하는 자료를 훨씬 더 빨리 찾을 수 있다. 그 정도의 자료를 바탕으로 연설문 구성안을 마련해야 한다. 구성안을 만들다 보면 좀 더 필요한 자료가 있을 수 있다. 예를 들면 근거가 될 수 있는 사례나 통계자료 등이다. 그러한 자료들은 연설문을 쓰면서 보완해가는 것이다.

편리하다고 해서 인터넷을 통해 무차별적으로 자료를 수집하면 옥석을 가리기 어렵기 때문에 오히려 혼란을 가중시킬 수 있다. 다만, 준비하는 행사와 관련하여 사회적 이슈나 문제가 될 수 있는 것은 어떤 것인지를 확인하는 데는 인터넷 검색기능이 유용할 수 있다. 무작정 좋은 글이라고 해서 모으다 보면 스스로 감당하기도 어려워질 것이다.

연설문 작업은 훈련이나 연습이 아니고 실전이기 때문에 항상 시간이 정해져 있는 일이다. 아무리 좋은 연설문이라도 정해진 행사에 맞추지 못하면 무용지물이 되는 것이다. 따라서 정해진 시간에 꼭 필요한 자료를 찾는 훈련과 습관이 중요하다고 하겠다.

☞ '강남불패'와 '대통령불패'

부동산 문제는 언제나 대통령의 큰 부담이 되었다. 특히 집값이 급등했던 1990년과 2003년이 그러했다. 1990년이 상대적으로 훨씬 더 심했던 것 같다. 당시에는 1년 사이에 아파트값이 두 배 이상 오르기도 했다. 그때 대통령의 최대 관심사 가운데 하나가 주택 200만 호 건설이었다. 매달 시도별로 주택건설 수량을 확인할 정도였다. 그만큼 엄청난 사회적 파장을 불러왔기 때문이다.

2003년에도 서울의 강남 지역을 중심으로 아파트값이 치솟기 시작했다. 1997년 IMF 경제위기를 회복하는 과정에서 비롯된 후유증이라는 등 많은 논란이 있었다.

그해 노무현 대통령의 정기국회 연설을 하루 앞두고 있던 10월 12일 밤이었다. 연설문이 최종 마무리 되었고 마지막 교정 작업을 하고 있었다. 자정이 다 되어갈 무렵, 부동산 부분이 다소 약하다는 의견들이 나왔다. 결국 마지막 순간에 들어간 말이 바로 '강남불패'다. 대통령 연설에서 특정 지역을 거론하는 것은 바람직하지 않다. 마치 특정 지역의 잘못인 것처럼 호도할 수도 있기 때문이다. 하지만 그때는 다소 무리가 있더라도 부동산 투기를 잡겠다는 강력한 의지를 보일 필요가 있었다. 강조를 위해 사용하는 연설기법의 하나로 의도적인 것이었다고 볼 수 있다.

그날 이후 대통령이 직접 '강남불패'를 언급한 것에 대한 이야기들이 많았다. 어떤 방송사와의 인터뷰에서 대통령은 '강남불패라고 했는데 부동산 가격 폭등이 계속되면 어떻게 하시겠습니까?'라고 물었을 때 '그러면 대통령불패'로 갈 것이라고 답변하기도 했다. 다음이 국회연설의 그 부분이다.

"부동산 가격은 반드시 안정시키겠습니다. 아직도 많은 사람이 정부의 부동산 대책을 믿지 않고 있습니다. 공공연히 '강남불패'라는 말까지 회자되고 있습니다. 그러나 정부는 결코 포기하지 않을 것입니다. 주택가격 안정은 서민생활 그 자체입니다."(2003년 10월 13일, 정기국회연설 - 노무현 대통령)

셋째, 녹음한 연설을 기록한 원고를 정리한다. 자신이 듣기에도 거북한 부분, 중복된 부분은 지운다. 그런 다음 다시 정리하면 원하는 원고를 만들 수 있을 것이다. 30분 정도 녹음한 내용을 정리하면 대략 5분 정도 분량의 연설문으로 정리될 수 있을 것이다.

넷째, 다섯 번만 연습하라. 이러한 방식으로 글을 정리하면 저절로 연설문을 좀 더 쉽게 쓸 수 있다. 연설하는 습관을 기를 수 있다. 전문가의 조언도 필요하지만 자신의 연설을 들어보는 것이 더 중요할 수 있다. 자신의 말에 대해 조금은 객관적인 입장에서 보게 되기 때문이다.

☞ 연설문 체크리스트

- ☑ 시간: 예정된 연설 시간에 맞는 분량인가?
- ☑ 메시지: 핵심 메시지는 분명하게 정리되었는가?
- ☑ 구성: 전체 구성은 적절하게 되었는가?
- ☑ 고유명사, 통계숫자 등은 한 번 더 확인했는가?
- ☑ 외래어 표기 등 맞춤법에 오류는 없는가?
- ☑ 서두에 거명한 사람의 순서 등은 적절한가?
- ☑ 앞서 말하는 사람의 연설문과 중복되지는 않는가?
- ☑ 연설문 작성 이후 변동된 상황은 없는가?

제5부

인터뷰

1
인터뷰의
의의와 유형

인터뷰의 의의

지금은 미디어 시대라고 할 수 있다. 정보통신 기술의 발달이 가져온 미디어의 발전은 공직자를 비롯한 직장인들에게도 많은 변화를 요구하고 있다. 이러한 미디어 환경에 어떻게 적응하느냐가 업무의 효율적인 추진은 물론 정책의 성패를 좌우할 수도 있을 만큼 중요하다고 할 수 있다. 따라서 과거 언론에 대한 고정관념에 매몰되어서는 안 될 것이다.

이제는 언론을 통해 국민이나 고객과의 소통을 적극적으로 이루어가겠다는 새로운 인식을 가질 필요가 있다. 아직도 많은 사람들은 언론과의 인터뷰에 상당한 불안감과 어려움을 느끼고 있는 것이 사실이다. 이를 해소할 수 있는 방법은 없을까? 이 또한 연설처럼 학습이 최선이다. 인터뷰할 내용에 대해 사전에 철저히 준비하는 것이다.

인터뷰의 유형

'단독 인터뷰'는 통상 기자와의 1:1 인터뷰를 말한다. 흔히 말하는 기자회견이라고 할 수 있다. 이런 인터뷰는 주로 두 가지의 경우에 이루어진다. 첫째는 어떤 사람의 생각이나 근황에 대한 답변을 듣기 위한 것이다. 어떤 직책에 새로 부임한 사람의 취임 기자회견이 이런 경우다. 둘째는 특정 이슈나 정책에 대한 답을 구하기 위해 인터뷰를 요청하는 경우다. 사회적으로, 정책적으로 어떤 현안이 발생했을 때 그와 관련된 책임자나 관계자들의 입장을 듣기 위한 것이다.

'집단 인터뷰'는 다수의 기자와 하는 인터뷰다. 대통령의 연두기자회견이 대표적인 사례라고 할 수 있다. 정부기관이나 기업의 대표가 출입기자들을 상대로 이뤄지는 경우다. 이 경우에는 기자회견 또는 기자 간담회라는 이름으로 진행된다. 가끔 '합동기자회견'이라고 말하는 경우도 있다. 이때는 기자뿐만 아니라 회견을 하는 사람도 다수라는 뜻이다. 특정 사안에 대한 '관계 부처 장관 합동기자회견'이 그러한 사례다.

'대담'은 '마주 대하고 말한다.'는 의미 그대로다. 서로 수평적인 관계에서 어떤 사안에 대해 의견을 나누는 경우라고 할 수 있다. '일요대담' 등 주로 방송에서 특정 프로그램을 통해 이뤄질 때가 많다. 일방적인 질문과 답변이 아니다. 어떤 사안에 대해 함께 의견을 나누고 함께 답을 구하는 경우라고 할 수 있다. 물론 현실적으로 꼭 그렇게 되지는 않는다. 단독 인터뷰와 경계가 다소 모호할 수도 있다.

'초청 토론회'는 언론기관에서 공직 후보자를 대상으로 하는 경우가 많다. 관훈 토론회 등 언론단체에서 주관하는 경우가 대부분이다. '대통령 후보 초청토론회'가 대표적인 사례라고 할 수 있다. 이때는 기자회견과 달리 사전에 선정된 전문가 '패널'들의 질문에 답변하는 형식이 된다. 현장에 있는 사람들보다 방송이나 신문을 통해 이를 지켜보는 국민의 궁금증을 패널들이 대신 풀어주는 형식이다. 패널 자신의 개인적인 견해보다는 대중들의 의견을 고려해야 한다. 기자회견보다 좀 더 깊이 있는 질의 답변, 일종의 토론회와 유사한 형식이라고 할 수도 있다.

☞ 상황은 15초에 끝난다

　방송 뉴스의 짧은 인터뷰 때문에 많은 사람들이 구설수에 오른다. 항상 "자신의 말이 왜곡되었다. 앞뒤 다 자르고 나갔다."는 등의 해명을 하게 된다. 정말 억울해서 하는 말인가? 왜 그런 일이 일어나는가?
　방송의 주요 뉴스에서 인용하는 관계자들의 인터뷰는 길어야 15초에 불과하다. 인터뷰할 때는 '관계자 인터뷰'였지만 실제 방송할 때는 간단한 '관계자 멘트'가 되는 것이 보통이다. 이것은 방송의 특성상 당연히 그럴 수밖에 없을 것이다. 15초를 위해 통상 수십 분 간 인터뷰를 한다. 그것은 방송사가 원하는 답을 얻기 위한 것일 수도 있지만 관계자들이 충분히 설명할 수 있는 기회를 준다는 의미가 될 수 있다. 가장 큰 문제는 인터뷰에 응하는 사람이 15초 방송이라는 당연한 사실을 인식하지 못하는 데 있다.

이 때문에 방송사의 주요 뉴스에 나오는 전문가 또는 관계자 인터뷰는 대부분 중간에 말이 잘리게 되어 있다. 자막으로 나오는 것을 보면 쉽게 알 수 있다. 대부분의 인터뷰 내용이 한 문장으로 처리되지 않아 '….'으로 마무리되는 것을 볼 수 있다.

이런 인터뷰는 어떻게 준비해야 할 것인가? 당연히 맞춤형으로 준비해야 한다. 15초 안에 말할 수 있는 완성된 메시지를 정리하는 것이다. 15초면 대략 90자 정도를 소화할 수 있다. 그 분량 안에서 하고 싶은 말의 핵심을 명확히 정리해서 인터뷰에 응해야 한다. 물론 그 이외의 추가적인 이야기도 하게 될 것이다. 하지만 명확하게 준비했던 그 부분이 말의 완성도가 높기 때문에 방송될 가능성이 훨씬 높다고 볼 수 있다.

2
인터뷰의 목적

　　　　　　　　　언론사가 인터뷰를 하고자 할 때는 당연히 독자들의 궁금증을 풀어주고 사회적 현안에 대한 정부나 관계자들의 대책이나 설명을 듣기 위한 것이다. 인터뷰에 응하는 입장에서도 이처럼 분명한 목적의식을 가져야 한다. 왜 하는지, 무엇을 할 것인지에 대한 정리된 생각을 가져야 한다는 것이다.

뉴스를 생산한다

　인터뷰의 가장 기본적인 목적은 뉴스 생산이다. 새로운 소식을 알리기 위한 수단이라고 할 수 있다. 신규 정책을 발표하기 위한 기자회견이 대표적이다. 정부 당국자의 특정 정책에 대한 인터뷰가 대부분 이러한 경우에 해당하며 사람들이 가장 자주 접할 수 있는 사례라 할 수 있다.

하나의 정책에 관한 것이 아닌 경우도 있다. 대통령의 연두기자
회견이 여기에 해당한다. 그해의 국정운영 전반에 대한 견해를 밝
히기 때문이다. 이때는 한두 가지 새로운 정책이 아니라, 전체 국정
운영의 방향이 주요한 뉴스라고 할 수 있다.

홍보의 장으로 삼는다

특정한 사업이나 정책의 홍보를 위한 인터뷰다. 통상 '브리핑'이
라는 이름으로 이루어지는 경우가 많다. 주요 정책의 배경설명 등
에 초점이 맞춰진다. 기업의 경우에는 제품 설명회가 가장 대표적
인 사례라고 할 수 있다.

물론 이 경우는 뉴스 생산의 측면도 없지 않지만, 홍보에 더 중점
을 두고 있다고 봐야 한다. 그래서 단순한 뉴스 전달이 아니라 여러
가지 이벤트를 곁들여서 하는 경우가 많다.

이때는 뉴스를 원하는 언론사와 홍보를 원하는 인터뷰 기관 간의
이해가 상충될 수 있다. 따라서 뉴스와 홍보의 조화를 이루는 세심
한 준비가 필요할 것이다.

해명의 기회로 삼는다

어떤 특정한 현안에 대한 자신이나 기관의 입장을 밝히기 위한

인터뷰다. 크게 두 가지로 나누어 볼 수 있다.

첫째는 언론의 오보 등으로 인해 사실과 다르게 알려진 부분을 바로잡기 위한 경우다. 해명 보도 자료가 바로 이러한 인터뷰를 서면으로 하는 것이라고 할 수 있다. 중요한 사안인 경우에는 보도 자료가 아니라 관계자가 직접 나서서 해명하게 된다. 또 각종 선거기간 중에 상대측 후보의 문제제기가 사실과 다르다는 것을 주장하기 위해서도 이러한 해명성 인터뷰를 하게 된다. 스캔들과 관련한 연예인들의 기자회견도 이러한 경우라고 할 수 있다.

둘째는 잘못된 일에 대해 사과하고 양해를 구하는 경우다. 자신의 주장, 행동, 정책 등이 잘못되었다는 것이 드러날 경우 이를 사과하기 위한 것이다. 또한 왜 그렇게 될 수밖에 없었다는 것을 설명함으로써 양해를 구하기 위한 자리다. 가장 어렵고 원하지 않는 인터뷰라고 할 수 있다.

3
인터뷰를 위한 준비

지피지기知彼知己는 기본이다

　인터뷰는 상대가 있다. 그렇다면 상대를 아는 것이 준비의 시작이다. 상대를 알고 나를 아는 것知彼知己이 가장 먼저 해야 할 일이다. 인터뷰를 하는 언론인이 누구인지를 우선 알고 있어야 한다. 또 평소에 어떤 사안에 가장 큰 관심을 갖고 있는지도 알아 둘 필요가 있다.

　이를 위해서는 그 사람의 기초적인 인적사항, 과거에 썼던 주요 기사, 저술 등을 미리 찾아보아야 한다. 그래야만 준비가 용이하다. 실제 인터뷰를 할 때도 상대가 하는 질문의 의미를 좀 더 쉽게 파악할 수 있다.

　그것은 인터뷰의 성공 여부를 떠나 상대에 대한 최소한의 예의라고 할 수 있다. 왜냐하면 어떤 이유에서든 '나를 인터뷰하는 사람'이라면 '나에 대해 관심'이나 '내가 하는 일에 대해 관심'을 갖고 있는 사람이기 때문이다.

보이지 않는 상대를 보아야 한다

인터뷰는 간접홍보의 가장 보편적인 방편이다. 인터뷰의 궁극적인 상대를 착각해서는 안 된다. 당장 앞에서 인터뷰하는 사람이 아니다. 그 인터뷰를 방송이나 신문을 통해 보게 될 시청자들이나 독자들이다. 보이지 않는 사람들을 보아야 한다는 것이다.

정치인이나 정부 당국자라면 정책의 수요자인 국민이 인터뷰의 궁극적인 상대다. 또 기업의 CEO라면 자신의 기업이 생산하는 제품을 구매하는 소비자들이 인터뷰의 상대라고 할 수 있다. 따라서 처음부터 끝까지 누구를 대상으로 말하는지를 잊어서는 안 될 것이다.

선의善意로 시작한다

인터뷰는 원하는 경우도 있지만, 원치 않는 경우도 적지 않다. 어떤 경우든 인터뷰는 선의善意로 시작해야 한다. 특히 원치 않는 인터뷰를 할 때의 이러한 마음가짐은 더욱 중요하다.

생각은 감출 수 있을지 모르지만, 마음까지 감출 수는 없기 때문이다. 인터뷰에 응하는 사람의 마음이 불편하다면, 그 불편한 마음을 상대가 가장 먼저 알게 된다. 아무리 사실을 말한다 해도 그 사실이 제대로 전달될 수가 없다.

 또한 선의로 시작하지 않으면 제대로 된 답변을 할 수가 없다. 마음이 흔들리면 생각까지 흐트러질 수밖에 없기 때문이다. 아는 사실조차 그르치게 되는 것이다. 그럴 경우에는 어떠한 성과도 기대하기 어렵다. 마음의 안정이 시작이라고 할 수 있다.

4
인터뷰 자료를 준비하는 법

핵심 메시지를 준비한다

인터뷰의 목적에 따라 핵심 메시지를 분명하게 정리한다. 인터뷰를 하는 이유는 자신의 의사를 명확하게 전달하는 데 있다. 그렇다면 가장 먼저 '전하고자 하는 뜻'이 무엇인지를 명확하게 정리해야 한다. 그것이 뉴스일 수도 있고 홍보일 수도 있으며 해명일수도 있다.

이처럼 분명한 핵심 메시지를 정리하지 않고 인터뷰를 하게 될 경우 전혀 엉뚱한 방향으로 흘러가게 된다. 자신의 의도와는 상관없이 상대방의 의도대로 진행될 수도 있다. 스스로 인터뷰의 중심을 잡지 못하고 이끌려가기 때문이다.

말실수는 대부분 '말을 못하는 사람'이 아니라 '말을 잘하는 사람'이 저지르는 경우가 많다. 그것은 자신의 말재주를 믿고 자신의 기억을 믿기 때문이다. 말재주나 기억을 믿을 것이 아니라 충분히 검토해서 철저히 준비한 확실한 자료를 믿어야 한다.

결론부터 말한다

인터뷰 자료는 무조건 결론부터 정리한다. 상대는 항상 자신의 질문에 대한 답을 원한다. 그 답이 정답이냐 아니냐는 그 다음의 문제다. 정답은 보는 시각에 따라 다를 수 있기 때문이다. 답을 먼저 말하고 그렇게 생각하는 이유를 그 다음에 말하도록 준비해야 한다.

여기에서도 우리들의 글에 대한 잘못된 편견 가운데 하나가 드러나게 된다. 바로 글은 서론, 본론, 결론 순으로 써야 한다는 인식이다. 이 경우에는 정반대가 되어야 한다. 그것이 통상적인 말의 순서다. 물론 1:1 대담의 경우에는 다소 다를 수가 있다. 상대와의 공감을 이룬 다음 답을 말하는 방식이 될 수 있기 때문이다. 물론 이때도 미리 답을 준비하고 있어야 하는 것은 당연하다.

질문하는 사람은 대체로 마음이 급해진다. 질문 자체가 답을 원하고 있기 때문이다. 그래서 답을 먼저 말하지 않으면 그 답을 말할 기회조차 없을 경우도 있다. "시간이 부족해서 하고 싶은 말을 못했다."는 이야기는 누구도 들어주지 않는다.

사례를 준비한다

적절한 사례는 인터뷰를 살아 있게 한다. 주요 메시지를 상대가 나처럼 이해할 것이라고 생각해서는 안 된다. 때로는 생소할 수도 있고 때로는 자신과 관계없는 일이라고 여기기 때문이다. 따라서 가장 쉽게 이해하고 가장 피부에 닿을 수 있는 사례를 준비하는 것은 매우 중요하다.

사례를 들 때는 간단할수록 좋다. 자칫 쉽게 설명하기 위한 사례가 복잡하거나 부풀리면 오해를 불러올 수 있다. 이는 대부분 홍보를 잘해야 한다는 강박에서 오는 경우가 많다. 지나치면 모자람만 못하다고 하지 않는가? 화려하면 더 설득할 수 있다고 생각하는 것은 착각이다. 쉽고 분명하고 담백한 사례가 가장 좋다고 할 수 있다.

통계는 따로 정리한다

인터뷰에 있어서 통계는 신뢰를 갖게 하고 설득력을 높이는 데 매우 중요한 자료다. 따라서 명확한 통계자료를 별도로 정리할 필요가 있다. 그래야만 실제 인터뷰를 할 때 인용하기도 쉽다. 기억에 의존하면 자칫 실수하기 십상이다. 별도로 준비한 통계자료를 보고 인용한다고 해서 전혀 이상할 것이 없다.

기억으로 하느냐, 자료를 보고 하느냐가 중요한 것이 아니라 그 통계의 정확도가 관건이다. 종종 잘못 알고 있는 통계, 잘못 인용된

통계 때문에 곤욕을 치르는 경우가 있으니 통계를 사용할 때는 주의해야 한다. 꼭 필요한 통계를 잘 선별한 다음 말하기 쉽게 정리해 두면 매우 유용하게 사용할 수 있다. 준비하는 과정 자체가 통계를 기억하고 숙지하는 좋은 방법이다.

　다만, 통계와 관련해서 가장 주의해야 할 점은 정직해야 한다는 것이다. 통계를 의도적으로 해석하는 일은 없어야 한다. 그 정책과 정확히 맞지 않는 통계를 억지로 꿰어 맞추는 것은 아무런 도움이 되지 않는다. 또 인용하는 통계의 출처는 분명해야 한다. "최근 여론조사에 따르면⋯." 하는 식으로는 효과를 거두기 어렵다. "언제 어디에서 조사한 여론조사에 따르면⋯." 하는 식으로 명확하게 밝혀야 한다.

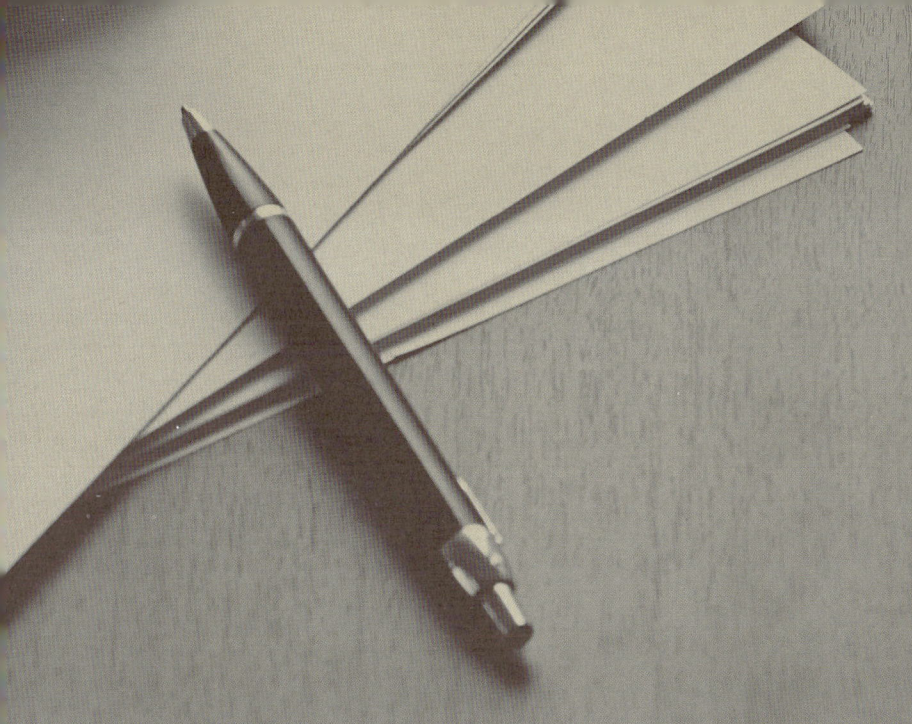

부록

조선시대 왕의 즉위교서와 대통령 취임사

1
조선시대 왕(王)의 연설문은?

우리나라 왕王은 어떤 연설을 했을까? 연설문은 어떤 형태일까? 누가 썼을까? 절대 권력자로서 왕의 말은 법 이상의 힘을 가졌을 것이다. '어명'이라는 한 마디가 이를 상징적으로 보여준다. 물론 사극을 통해 보듯이 '전하, 아니 되옵니다.'를 외치는 신하들을 힘으로 누를 수 있는 실권을 가졌거나 설득할 명분을 갖추었을 때 가능했을 것이다. 지금처럼 국가기념일과 같은 공식적인 행사에서 왕이 연설했다는 기록을 찾기는 쉽지 않다. 조선왕조실록에는 왕의 말씀이나 교지敎旨를 볼 수 있다. 이 가운데 왕이 즉위할 때 내린 교지는 교서敎書라고 했다. 지금의 대통령 취임사와 유사하다고 할 수 있을 것이다. 우리가 잘 알고 있는 훈민정음 서문은 한글의 창제 목적과 정신을 담은 것으로 요즘 형태로 보면 '훈민정음 창제와 관련한 대통령 담화문'이라고 할 수 있다. 국사편찬위원회가 국역한 조선왕조실록에서 즉위 교서 몇 편을 통해 왕의 연설 내용을 참고하고자 한다. 세계기록유산인 조선왕조실록에는 왕의 즉위 교서를 수록하면서 이를 지어 왕에게 올린 관리의 이름을 밝히고 있다. 주로 당대 최고의 학자로 인정받던 대제학이 쓴 것이다.

태조 즉위 교서(태조 1년, 1392년 7월 28일)

태조 즉위 교서는 상당히 많은 분량으로 새로운 나라가 나아갈 방향을 제시하고 있다. 서두에서 건국의 불가피성을 상세히 설명하고 있다. 또한 '나라 이름은 그 전대로 고려高麗라 하고, 의장儀章과 법제法制는 한결같이 고려의 고사故事에 의거하게 한다.'는 구절에서 보듯이 역성혁명에 대한 민심을 감안하여 고려 계승의지를 밝히고 있다. 하지만 '건국 초기'라는 표현에서 보듯이 새 왕조 창업임을 분명히 하고 마무리에는 '새로운 정치를 이루겠다.'고 강조했다. 교서는 이어 후면後面에 17개 항의 구체적인 정책방향을 제시하고 있다. 인재등용에서 토지제도에 이르기까지 각 분야를 망라하여 매우 구체적인 것으로 이는 조선 5백 년 왕조의 토대가 되는 지침이었다고 할 수 있다.

왕은 이르노라. 하늘이 많은 백성을 낳아서 군장君長을 세워 이를 길러 서로 살게 하고, 이를 다스려 서로 편안하게 한다. 그러므로 군도君道가 득실得失이 있게 되어, 인심人心이 복종과 배반함이 있게 되고, 천명天命의 떠나가고 머물러 있음이 매였으니, 이것은 이치의 떳떳함이다.

　홍무洪武 25년(1392) 7월 16일 을미에 도평의사사都評議使司와 대소 신료大小臣僚들이 말을 합하여 왕위에 오르기를 권고하기를, '왕씨王氏는, 공민왕이 후사後嗣가 없이 세상을 떠남으로부터 신우辛禑가 사이를 틈타서 왕위를 도적질했다가, 죄가 있어 사양하고 물러갔으나, 아들 창昌이 왕위를 물려받았으므로 국운國運이 다시 끊어졌습니다. 다행히 장수將帥의 힘에 힘입어 정창 부원군定昌府院君으로서 임시로 국사國事를 서리署理하게 하였으나, 곧 혼미昏迷하고 법에 어긋난 행동을 하므로, 여러 사람이 배반하고 친척들이 이반離叛하여 능히 종사宗社를 보전할 수 없었으니, 이른바 하늘이 폐하는 바이므로 누가 능히 이를 흥하게 할 수 있겠습니까? 사직社稷은 반드시 덕德이 있는 사람에게 돌아가게 되고, 왕위는 오랫동안 비워 둘 수가 없는데, 공로와 덕망으로써 중외中外가 진심으로 붙좇으니, 마땅히 위호位號를 바르게 하여 백성의 뜻을 안정하게 하소서.' 하였다.

　나는 덕이 적은 사람이므로 이 책임을 능히 짊어질 수 없을까 두려워하여 사양하기를 두세 번에 이르렀으나, 여러 사람이 말하기를, '백성의 마음이 이와 같으니 하늘의 뜻도 알 수 있습니다. 여러 사람의 요청도 거절할 수가 없으며, 하늘의 뜻도 거스릴 수가 없습니다.' 하면서, 이를 고집하기를 더욱 굳게 하므로, 나는 여러 사람의 심정에 굽혀 따라, 마지못하여 왕위에 오르고, 나라 이름은 그전대로 고려高麗라 하고, 의장儀章과 법제法制는 한결같이 고려의 고사故事에 의거하게 한다.

이에 건국建國의 초기를 당하여 마땅히 관대한 은혜를 베풀어야 될 것이니, 모든 백성에게 편리한 사건을 조목별로 후면後面에 열거列擧한다. 아아, 내가 덕이 적고 우매하여 사정에 따라 조치하는 방법을 알지 못하는데, 그래도 보좌하는 힘을 힘입어 새로운 정치를 이루려고 하니, 그대들 여러 사람은 나의 지극한 마음을 몸받게 하라.

1. 천자는 칠묘七廟를 세우고 제후諸侯는 오묘伍廟를 세우며, 왼쪽에는 종묘宗廟를 세우고 오른쪽에는 사직社稷을 세우는 것은 옛날의 제도이다. 그것이 고려 왕조에서는 소목昭穆의 순서와 당침堂寢의 제도가 법도에 합하지 아니하고, 또 성 밖에 있으며, 사직社稷은 비록 오른쪽에 있으나 그 제도는 옛날의 것에 어긋남이 있으니, 예조禮曹에 부탁하여 상세히 구명하고 의논하여 일정한 제도로 삼게 할 것이다.

1. 왕씨王氏의 후손인 왕우王瑀에게 기내畿內의 마전군麻田郡을 주고, 귀의군歸義君으로 봉하여 왕씨王氏의 제사를 받들게 하고, 그 나머지 자손들은 외방外方에서 편리한 데에 따라 거주하게 하고, 그 처자妻子와 동복들은 그전과 같이 한 곳에 모여 살게 하고, 소재 관사所在官司에서 힘써 구휼救恤하여 안정된 처소를 잃지 말게 할 것이다.

1. 문무文武 두 과거科擧는 한 가지만 취하고 한 가지는 버릴 수 없으니 중앙에는 국학國學과 지방에는 향교鄕校에 생도生徒를 더

두고 강학講學을 힘쓰게 하여 인재를 양육하게 할 것이다. 그 과거科擧의 법은 본디 나라를 위하여 인재를 뽑았던 것인데, 그들이 좌주座主니 문생門生이니 일컬으면서 공적인 천거로서 사적인 은혜로 삼으니, 매우 법을 제정한 뜻이 아니다.

지금부터는 중앙에는 성균 정록소成均正錄所와 지방에는 각도의 안렴사按廉使가 그 학교에서 경의經義에 밝고 덕행을 닦은 사람을 뽑아, 연령·본관本貫·삼대三代와 경서經書에 통하는 바를 잘 갖추어 기록하여 성균관장이소成均館長貳所에 올려, 경에서 통하는 바를 시강試講하되 사서四書로부터 오경伍經과 《통감通鑑》 이상을 통달한 사람을, 그 통달한 경서의 많고 적은 것과 알아낸 사리事理의 정밀하고 소략한 것으로써 그 높고 낮은 등급을 정하여 제일장第一場으로 하고, 입격入格한 사람은 예조禮曹로 보내면, 예조에서 표문表文·장주章奏·고부古賦를 시험하여 중장中場으로 하고, 책문策問을 시험하여 종장終場으로 할 것이며, 삼장三場을 통하여 입격入格한 사람 33명을 상고하여 이조吏曹로 보내면, 이조에서 재주를 헤아려 탁용擢用하게 하고, 감시監試는 폐지할 것이다.

그 강무講武하는 법은 주장主掌한 훈련관訓鍊觀에서 때때로《무경칠서武經七書》와 사어射御의 기술을 강습시켜, 그 통달한 경서의 많고 적은 것과 기술의 정하고 거친 것으로써 그 높고 낮은 등급을 정하여, 입격入格한 사람 33명을 출신패出身牌를 주고, 명단을 병조兵曹로 보내어 탁용擢用에 대비하게 할 것이다.

1. 관혼상제冠婚喪祭는 나라의 큰 법이니, 예조에 부탁하여 경전經典을 세밀히 구명하고 고금古今을 참작하여 일정한 법령으로 정하여 인륜人倫을 후하게 하고 풍속을 바로잡을 것이다.

1. 수령守令은 백성에게 가까운 직책이니 중시重視하지 않을 수 없다. 그것을 도평의사사都評議使司와 대간臺諫·육조六曹로 하여금 각기 아는 사람을 천거하게 하여, 공평하고 청렴하고 재간이 있는 사람을 얻어 이 임무를 맡겨서 만 30개월이 되어, 치적治績이 현저하게 나타난 사람은 발탁 등용시키고, 천거된 사람이 적임자適任者가 아니면 천거한 사람[擧主]에게 죄가 미치게 할 것이다.

1. 충신忠臣·효자孝子·의부義夫·절부節婦는 풍속에 관계되니 권장勸奬해야 될 것이다. 소재 관사所在官司로 하여금 순방詢訪하여 위에 아뢰게 하여 우대해서 발탁 등용하고, 문려門閭를 세워 정표旌表하게 할 것이다.

1. 환과 고독鰥寡孤獨은 왕정王政으로서 먼저 할 바이니 마땅히 불쌍히 여겨 구휼救恤해야 될 것이다. 소재 관사所在官司에서는 그 굶주리고 곤궁한 사람을 진휼賑恤하고 그 부역賦役을 면제해 줄 것이다.

1. 외방外方의 이속吏屬이 서울에 올라와서 부역에 종사함이 기인其

人과 막사幕士와 같이 하여, 선군選軍을 설치함으로부터는 스스로 그 임무가 있었으나, 법이 오래 되매 폐단이 생겨서 노역을 노예奴隷와 같이 하니, 원망이 실로 많다. 지금부터는 일체 모두 폐지할 것이다.

1. 전곡錢穀의 경비經費는 나라의 떳떳한 법이니, 의성창義成倉·덕천창德泉倉 등의 여러 창고와 궁사宮司는 삼사三司의 회계會計 출납出納하는 수효에 의뢰하고, 헌사憲司의 감찰監察은 풍저창豊儲倉과 광흥창廣興倉의 예례에 의거하여 할 것이다.

1. 역驛과 관館을 설치한 것은 명령을 전달하기 위한 것인데, 근래에 사명使命이 번거롭게 많아서 피폐하게 되었으니 진실로 민망스럽다. 지금부터는 차견差遣하는 공적인 사행使行에게 〈관官에서〉 급료給料를 주는 일을 제외하고는, 사적인 용무로 왕래하는 사람은 지위의 높고 낮은 것을 논할 것 없이 모두 공급供給을 정지하게 하고, 이를 어긴 사람은 주객主客을 모두 논죄論罪하게 할 것이다.

1. 배를 탄 군사[騎船軍]는 위험한 곳에 몸을 맡기고 힘을 다하여 적을 방어하니, 불쌍히 여겨 구휼救恤해야 될 처지이다. 그 소재 관사所在官司로 하여금 부역을 감면해 주게 하고 조호助戶를 더 정하여 윤번으로 배를 갈아타게 하고, 그 생선과 소금에서 나는 이익은 그들이 스스로 취取하도록 허용하고 관부官府에서 전매

專賣하지 못하게 할 것이다.

1. 호포戶布를 설치한 것은 다만 잡공雜貢을 감면하기 위함인데, 고려의 말기에는 이미 호포戶布를 바치게 하고 또한 잡공雜貢도 징수하여 백성의 고통이 적지 않았으니, 지금부터는 호포를 일체 모두 감면하고, 그 각도에서 구은 소금은 안렴사按廉使에게 부탁하여 염장관鹽場官에게 명령을 내려 백성들과 무역하여 국가의 비용에 충당하게 할 것이다.

1. 국둔전國屯田은 백성에게 폐해가 있으니 음죽陰竹의 둔전屯田을 제외하고는 일체 모두 폐지할 것이다.

1. 고려의 말기에는 형률刑律이 일정한 제도가 없어서, 형조刑曹·순군부巡軍府·가구소街衢所가 각기 소견을 고집하여 형벌이 적당하지 못했으니, 지금부터는 형조는 형법刑法·청송聽訟·국힐鞫詰을 관장하고, 순군巡軍은 순작巡綽·포도捕盜·금란禁亂을 관장할 것이며, 그 형조에서 판결한 것은 비록 태죄笞罪를 범했더라도 반드시 사첩謝貼을 취取하고 관직을 파면시켜 누累가 자손에게 미치게 하니, 선왕先王의 법을 만든 뜻이 아니다. 지금부터는 서울과 지방의 형刑을 판결하는 관원은 무릇 공사公私의 범죄를, 반드시 《대명률大明律》의 선칙宣勅을 추탈追奪하는 것에 해당되어야만 사첩謝貼을 회수하게 하고, 자산資産을 관청에 몰수하는 것에 해당되어야만 가산家産을 몰수하게 할 것이며, 그 부과附過해서 환

직還職하는 것과 수속收贖해서 해임解任하는 것 등의 일은 일체 율문律文에 의거하여 죄를 판정하고, 그전의 폐단을 따르지 말 것이며, 가구소街衢所는 폐지할 것이다.

1. 전법田法은 한결같이 고려의 제도에 의거할 것이며, 만약 증감增減할 것이 있으면 주장관主掌官이 재량하여 위에 아뢰어 시행할 것이다.

1. 경상도慶尙道의 배에 싣는 공물貢物은 백성에게 폐해가 있으니 또한 마땅히 감면할 것이다.

1. 유사有司가 상언上言하기를, '우현보禹玄寶·이색李穡·설장수偰長壽 등 56인이 고려의 말기에 도당徒黨을 결성하여 반란을 모의해서 맨처음 화단禍端을 일으켰으니, 마땅히 법에 처하여 장래의 사람들을 경계해야 될 것입니다.' 하나, 나는 오히려 이들을 가엾이 여겨 목숨을 보전하게 하니, 그 우현보·이색·설장수 등은 그 직첩職貼을 회수하고 폐하여 서인庶人으로 삼아 해상海上으로 옮겨서 종신토록 같은 계급에 끼이지 못하게 할 것이며, 우홍수禹洪壽·강회백姜淮伯·이숭인李崇仁·조호趙瑚·김진양金震陽·이확李擴·이종학李種學·우홍득禹洪得 등은 그 직첩을 회수하고 장杖 1백 대를 집행하여 먼 지방으로 귀양보내게 할 것이며, 최을의崔乙義·박흥택朴興澤·김이金履·이내李來·김묘金畝·이종선李種善·우홍강禹洪康·서견徐甄·우홍명禹洪命·김첨金瞻·허응許膺·유향柳珦·

이작李作·이신李申·안노생安魯生·권홍權弘·최함崔咸·이감李敢·최관崔關·이사영李士潁·유기柳沂·이첨李詹·우홍부禹洪富·강여康餘·김윤수金允壽 등은 그 직첩을 회수하고 장杖 70대를 집행하여 먼 지방으로 귀양보내게 할 것이며, 김남득金南得·강시姜蓍·이을진李乙珍·유정현柳廷顯·정우鄭寓·정과鄭過·정도鄭蹈·강인보姜仁甫·안준安俊·이당李堂·이실李室 등은 그 직첩을 회수하고 먼 지방에 방치放置할 것이며, 성석린成石璘·이윤굉李允紘·유혜손柳惠孫·안원安瑗·강회중姜淮中·신윤필申允弼·성석용成石瑢·전오륜全伍倫·정희鄭熙 등은 각기 본향本鄕에 안치安置할 것이며, 그 나머지 무릇 범죄한 사람은 일죄一罪로서 보통의 사유赦宥에 용서되지 않는 죄를 제외하고는, 이죄二罪 이하의 죄는 홍무洪武 25년(1392) 7월 28일 이른 새벽 이전으로부터 이미 발각된 것이든지 발각되지 않은 것이든지 모두 이를 사면赦免할 것이다.

세종 즉위 교서 (세종 1년, 1418년 8월 11일)

태종으로부터 왕위를 계승한 세종은 근정전에서 교서를 반포했다. 이날 교서에서 왕위를 여러 차례 사양했음을 밝히면서 선왕의 업적을 칭송하고 있다. 이어 '모반 대역謀叛大逆이나 조부모나 부모를 때리거나 죽이거나 한 것과 처첩이 남편을 죽인 것' 등을 비롯한 중죄인을 제외하고는 사면할 것을 밝했다. 또한 '어짊을 베풀어 정치를 행'할 것을 다짐했다. 세종대왕은 이 말대로 어진정치, 민본정치를 실천한 성군이 되었다.

　삼가 생각하건대, 태조께서 홍업洪業을 초창하시고 부왕 전하께서 큰 사업을 이어받으시어, 삼가고 조심하여 하늘을 공경하고 백성을 사랑하며, 충성이 천자天子에게 이르고, 효하고 공경함이 신명神明에 통하여 나라의 안팎이 다스려 평안하고 나라의 창고가 넉넉하고 가득하며, 해구海寇가 와서 복종하고, 문치文治는 융성하고 무위武威는 떨치었다. 그물이 들리면 눈이 열리듯이 대체가 바로 서매 세절細節이 따라 잡히어, 예禮가 일어나고 악樂이 갖추어져 깊은 인애와 두터운 은택이 민심에 흡족하게 젖어들었고, 융성隆盛한 공렬功烈은 사책史册에 넘치어, 승평昇平의 극치極致를 이룸이 옛적에는 없었나니, 그러한지 이에 20년이 되었다.
　그런데 근자에 오랜 병환으로 말미암아 청정聽政하시기에 가쁘셔서 나에게 명하여 왕위를 계승케 하시었다. 나는 학문이 얕고 거칠며 나이 어리어 일에 경력이 없으므로 재삼 사양하였으나, 마침내 윤허를 얻지 못하여, 이에 영락 16년 무술戊戌 8월 초10일에 경복궁 근정전에서 위에 나아가 백관의 조하朝賀를 받고, 부왕을 상왕으로 높이고 모후를 대비大妃로 높이었다. 일체의 제도는 모두 태조와 우리 부왕께서 이루어 놓으신 법도를 따라 할 것이며, 아무런 변경이 없을 것이다.
　그리고 이 거룩한 의례에 부쳐서 마땅히 너그러이 사면하는 영을 선포하노니, 영락 16년 8월 초10일 새벽 이전의 사건은 모반 대역謀叛

大逆이나 조부모나 부모를 때리거나 죽이거나 한 것과 처첩이 남편을 죽인 것, 노비가 주인을 죽인 것, 독약이나 귀신에게 저주하게 하여 고의로 꾀를 내어 사람을 죽인 것을 제하고, 다만 강도 외에는 이미 발각이 된 것이나 안 된 것이거나 이미 판결된 것이거나 안 된 것이거나, 모두 용서하되, 감히 이 사면赦免의 특지를 내리기 이전의 일로 고발하는 자가 있으면, 이 사람을 그 죄로 다스릴 것이다. 아아, 위位를 바로잡고 그 처음을 삼가서, 종사의 소중함을 받들어 어짊을 베풀어 정치를 행하여야 바야흐로 땀흘려 이루어 주신 은택을 밀어 나아가게 되리라.

성종 즉위 교서 (성종 1년, 1469년 11월 28일)

예종의 승하로 성종이 면복冕服을 갖추고 근정전에서 즉위했다. 성종의 즉위 교서는 세종의 즉위 교서와 상당 부분 유사하다. 선왕에 대한 칭송에 이어 사면령을 내리면서 특히 '관직에 있는 사람은 각기 1계급을 올려 주고, 직첩職牒을 회수당한 사람은 돌려주는' 조치를 취했다. 또 사직社稷을 영구히 보전하겠다는 다짐으로 마무리하고 있다.

생각건대, 우리 국가가 큰 명령을 받아서 열성列聖이 서로 계승하였는데, 하늘이 돌보아 주지 않아 세조 대왕世祖大王께서 갑자기 제

왕의 자리를 떠나시니, 대행 대왕大行大王께서도 슬퍼하다가 병이 되어 마침내 세상을 떠나시게 되었다. 태비太妃 자성 흠인경덕선열명순원숙휘신혜의 전하慈聖欽仁景德宣烈明順元淑徽愼懿殿下께서 나에게 명하여 왕위王位를 계승하도록 하셨으므로 굳이 사양타 못하여 마침내 대위大位에 나아가게 되었다.

자성 왕대비慈聖王大妃를 높여서 대왕대비大王大妃로 삼고, 대행 왕비大行王妃를 높여서 왕대비王大妃로 삼는다. 지금 사위嗣位한 처음에 당했으니, 마땅히 관대寬大한 은전恩典을 펴야만 할 것이다. 이제부터 11월 28일 이른 새벽 이전의 모반謀反과 대역 모반大逆謀叛, 자손子孫이 조부모祖父母와 부모父母를 모살謀殺 또는 구매한 것, 처첩妻妾이 남편을 모살謀殺한 것, 노비奴婢가 주인을 모살謀殺한 것, 고독蠱毒·염매·모고살인謀故殺人한 것이나, 다만 강도强盜를 범한 것을 제외하고는, 이미 발각發覺되었거나 발각되지 않았거나, 이미 결정되었거나 결정되지 않았거나, 이를 모두 사면赦免할 것이니, 감히 유지宥旨 전의 일을 가지고 서로 고언告言하는 사람은 그 죄로써 죄줄 것이다. 관직에 있는 사람은 각기 1계급을 올려 주고, 직첩職牒을 회수당한 사람은 돌려주며, 도형徒刑·유형流刑·부처付處·정속定屬된 사람은 죄의 경중輕重을 분변하여 석방釋放할 것이다.

내가 어린 몸으로 외롭게 상중喪中에 있으니 어찌할 바를 모르겠다. 그대들 대소 신료大小臣僚는 마음과 힘을 합하여 나의 미치지 못한 점을 보좌하여, 나로 하여금 우리 조종祖宗을 욕되게 하는 일이 없도록 하고, 우리 사직社稷을 영구히 보전하도록 하라."

연산군 즉위 교서(연산 1년, 1494년 12월 29일)

연산군은 8세에 세자로 책봉되고 19세에 즉위하였다. 성종이 제위 25년 만에 승하함에 따라 보위를 잇게 된 것이다. 연산은 즉위 교서에서 자신이 즉위에 이르는 과정을 설명하고 선왕의 승하에 대한 애통함을 밝히고 있다. 또한 '깊은 못에 다가서고 얇은 얼음을 건너는 듯'하다는 교서의 한 대목은 그의 불안한 미래를 예고하는 것 같다. 교서는 관례에 따라 사면을 내리고 '태평한 정치'를 이루리라는 다짐으로 마무리 했다. 하지만 그는 재위 12년 만에 조선 최초로 대신들이 주도한 반정에 의해 물러나게 되었다. 이후 조선 왕실의 실권이 크게 약화되는 계기가 되었다.

내가 생각하건대, 우리 대행 대왕께서 총명하고 슬기로운 자질로서 조종의 간대艱大한 업業을 이어받으시어, 일찍 일어나고 수라를 늦게 잡수시며 정신을 가다듬어 정치에 애쓰시기에 26년이었도다. 문교文敎가 성하게 일어나고 무공武功이 빛나도다. 백성이 편안하고 물자가 풍부하여 덕택이 사방에 흐뭇하였고, 예문禮文이 갖추어지고 음악이 화和하여 교화敎化가 선대보다 빛났으니, 높고 높고 넓고 넓어서 이름 지을 수도 없었다. 큰 덕은 반드시 수壽를 얻는 것이므로 그지없는 복을 누리시리라 기약하였더니, 하느님이 우리 집에 화禍를 내리셔 선왕이 승하하심에 뒤따르지 못함이 애통하도다.

어찌 다만 종묘 사직의 큰 불행일 뿐이랴! 실로 신민의 복이 없음이로다! 하늘에 호소하고 땅에 부르짖노니, 슬프도다! 나는 무엇을 믿을꼬! 바야흐로 외롭고 근심하며 상중에 있는데 어찌 차마 곧 왕위에 오르랴마는, 대통大統을 오래도록 비울 수 없고 신기神器를 잠시도 비울 수 없으므로, 이에 마지못해 12월 29일 갑신에 창덕궁에서 즉위하며, 인수 왕대비仁粹王大妃·인혜 왕대비仁惠王大妃를 높여서 대왕 대비로 하고, 대행 왕비를 높여서 왕대비로 하고 빈嬪 신씨愼氏를 왕비로 하는도다.

이에 나라를 이어받는 처음이니 마땅히 대사大赦하는 은혜를 베풀어야겠기에 이날 새벽 이전의 모반謀反·대역大逆·모반謀叛죄, 자식이나 손자가 조부모·부모를 죽이려고 꾀하거나 때리거나 욕한 죄, 독약을 쓰거나 요망한 방술로 인명을 상해한 죄, 강도범强盜犯 외의 죄는 발각되었든 안 되었든, 판결되었든 안 되었든 다 용서하며, 사령赦令 전의 일을 가지고 서로 고발하는 자는 그 죄를 처벌할 것이며, 직첩職牒을 빼앗았던 자는 도로 내어 주며, 도徒·유流·부처付處·충군充軍된 자는 모두 석방하노라.

아아! 조종께서 나에게 나라를 맡기시매, 깊은 못에 다가서고 얇은 얼음을 건너는 듯하여 어찌할 바를 모르노니, 오히려 신하들의 보좌에 힘입어 길이 태평한 정치를 이룩하리로다.

중종 즉위 교서(중종 1년, 1506년 9월 2일)

하룻밤 사이의 반정으로 진성대군이 왕위에 오르면서 중종의 시대가 시작되었다. 조선왕조실록에 따르면 즉위할 때는 곤룡포에 면류관을 써야 하는데 워낙 급했기 때문에 곤룡포에 익선관을 썼다고 적고 있다. 따라서 즉위 교서도 '임금이 그 도리를 잃어 형정刑政이 번거롭고 가혹해졌으며 민심이 궁축窮蹙하여도 구제할 바를 알지 못하였다'고 연산군의 실정을 비판하고 자신의 즉위가 불가피함을 설명하고 있다. 이어서 사면을 내린다는 것으로 간단히 마무리했다. 교서의 중심이 사면령에 맞춰진 것이다.

    덕이 없는 내가 종실의 우두머리 자리에 있으면서, 오직 겸손하게 몸을 단속하여 삼가 종저宗邸를 지킬 뿐이었다. 근년에 임금이 그 도리를 잃어 형정刑政이 번거롭고 가혹해졌으며 민심이 궁축窮蹙하여도 구제할 바를 알지 못하였는데, 다행히도 종척宗戚과 문무의 신료들이 종사와 백성들에 대한 중책을 생각하여 대비의 분부를 받들고 같은 말로 추대해서 나에게 즉위할 것을 권하므로, 사양하여도 되지 않아 금월 초2일에 경복궁에 대위에 나아갔노라.
    경사가 종방에 관계되어 마땅히 관전寬典을 반포하여야 할 것이다. 금월 초2일 새벽 이전까지의 모반 대역謀叛大逆과 고독蠱毒·염매와 고의로 사람을 죽이려고 모의했거나 죽인 죄, 처첩妻妾으로서 남편을 죽였거나 노비로서 주인을 모살謀殺했거나 자손으로서 부모·조부모를 모살했거나 현행 강도이거나 강상綱常에 관계되는 것을 제외하고는, 도류徒流·부처付處되었거나 충군充軍·정속定屬·안치安置되었거나 갑자 이후에 귀양갔거나 갇힌 사람은 이미 발각되었든 아직 발각되지 않았든, 이미 판결되었든 아직 판결되지 않았든 모두 석방하여 면제하노라. 감히 사면령 이전의 일을 가지고 고발하는 자는 그 고발한 죄로 죄줄 것이다. 벼슬에 있는 자는 각각 한 자급을 올려주고, 자궁자資窮者는 대가代加하여 주노라.

근년에 옛 법도를 마주 고쳐서 새로운 조항을 만든 것은 아울러 모두 탕제蕩除하고, 한결같이 조종이 이루어놓은 법을 준수할 것이다. 아! 무강無疆한 아름다움을 맞았으니 다시 무강한 근심을 생각하게 되고, 비상非常한 경사가 있으니 마땅히 비상한 은혜를 베풀어야 할 것이다. 그러므로 이에 교시敎示하노니, 마땅히 잘 알지어다."

숙종 즉위 교서(숙종 1년, 1674년 8월 23일)

조선 19대 왕인 숙종은 적장자로서 14세에 즉위하여 47년간 통치하여 영조 다음의 긴 재위 기간을 기록하고 있다. 사극을 통해 가장 많이 알려진 왕이기도 하다. 숙종의 즉위 교서는 선왕에 대한 칭송과 자신의 부덕에 대한 겸양, 사면령 등 즉위 교서로서의 기본적인 형태를 갖추고 있다. 적장자로 정상적인 승계 과정을 거쳤기 때문일 것이다.

왕은 이와 같이 말한다. 하늘이 우리 가문家門에 재앙을 내리어 갑자기 큰 슬픔을 만났으므로, 소자小子가 그 명령을 새로 받게 되니, 군신群臣의 심정心情에 힘써 따라서 이에 신장腎腸을 펴게 되어 더욱 기氣가 꺾이고 마음이 허물어지는 듯하다. 국조國朝에서 왕통王統을 전함은 당우唐虞와 융성隆盛을 견줄 만하였다. 종宗은 덕德으로서, 조祖는 공功으로서, 성현聖賢이 6대 7대나 일어났으며, 문모文謨와 무열武烈로서 자손에게 억만년을 물려 주셨다. 삼가 생각하건대, 대행 대왕大行大王께서는 진실로 잘 계술繼述하셨다. 효우孝友는 마음을 따라 절로 일어났고 풍화風化는 사방에 미쳤으며, 청명淸明은 자신自身에 있었고 기욕嗜欲은 물러나게 되었다. 하늘의 노함을 공경하여 한결같이 지성至誠으로 대하니, 성실에 감응感應하는 것이 메아리가 응하듯 하였고, 백성의 빈궁을 진휼賑恤함이 거의 빈 해가 없었으니, 도탄塗炭에 헤매던 사람이 모두 살게 되었으며, 영왕寧王이 이루지 못한 공功을 장차 넓히려 하였고, 우리 조선의 위대할 수 있는 업業을 크게 세우려 하셨다. 효심孝心은 한이 없으되, 비통悲痛은 겨우 경렴에 맺혀졌고, 몽령夢齡이 징조가 없으니 유명遺命이 갑자기 옥궤에서 공언公言되었다.

병환이 나서 열흘이 되었는데도 약은 효과가 나지 않았으며, 내 몸이 대신 죽으려는 성심이 간절했는데도 신神이 굽어 살피지 않았었다. 종천終天까지 이르는 거창巨創한 일을 당했으니 큰 소리로 부르짖어도 미칠 수가 없었으며, 엄한 훈계를 받들 시일時日이 없게 되었으니 보잘것없는 작은 내 몸이 어디에 의지하겠는가?

더구나 이 대위大位를 갑자기 계승하게 되니, 나로 하여금 지정至情을 억제하게 한다. 그러나 종묘·사직社稷의 큰 책임은 실로 후인後人에게 있으므로, 부형父兄·백관百官들이 같은 말을 하니 중인衆人의 소망을 막기가 어려웠다. 자성慈聖의 자상한 유시諭示를 우러러 본받아 성주成周의 예전 법도를 따랐다. 이에 본년本年 8월 23일 갑인甲寅에 인정문仁政門에서 즉위卽位하여 왕비王妃를 높여서 왕대비王大妃로 삼고, 빈嬪 김씨金氏를 왕비王妃로 삼는다. 욕의縟儀를 대하매 슬퍼서 부르짖게 되고, 중기重器를 주관하매 두려워서 마음이 편안하지 못하다. 부왕父王의 자리에 앉아 부왕의 예절을 행하니 사모함이 갱장羹墻에 더욱 돈독하게 되고, 중대하고 어려운 책임을 맡게 되니 두려움은 실로 연곡淵谷보다 깊었다. 역대 임금의 큰 사업을 계승했으니, 어찌하면 하늘의 착한 명령을 맞이할 수 있겠으며, 선왕先王의 끼친 백성을 다스리게 되니, 어찌하면 우리나라를 어루만져 편안하게 할 수 있겠는가? 다만 혹시 부왕父王의 사업을 무너뜨릴까를 두려워할 뿐인데, 어찌 숙소夙宵의 조심을 조금이라도 늦추는 것을 감내하겠는가?

마침내 큰 칭호를 공포公布하여, 모든 품계品階에게 두루 미치게 한다. 본월本月 23일 어둑새벽 이전부터 잡범雜犯으로서 사죄死罪 이하는 모두 용서해 주고, 관직에 있는 사람은 각기 한 자급資級을 올리되 자궁資窮한 자는 대가代加한다. 아! 공을 도모하여 일을 마쳐서 시종始終 쇠퇴衰頹하지 않기를 원하고, 과오를 고치고 흠을 씻어버려 생육生育에까지 모두 용서되기를 바란다. 이런 까닭으로 이에 교시教示하니 마땅히 죄다 알고 있을 것이다.

영조 즉위 교서 (영조 1년 1724년 8월 30일)

영조는 52년 간 재위하여 조선 왕조에서 가장 긴 통치기간을 기록했다. 숙종의 둘째 아들이었다. 숙종 승하 후 왕세자인 경종이 즉위하였으나 후사 없이 4년 만에 별세하자 동생인 영조가 즉위하게 되었다. 영조는 즉위 교서에서 '불행하게도 5년 안에 두 번이나 승하昇遐의 슬픔'이라고 애통하고 있다. 이어 선왕에 대한 업적과 대사면을 밝혔다. 그리고 '협력하여 도와주어 유지할 수 있는 힘은 오직 여러 신하에게 기대'한다며 마무리하고 있다.

왕은 말하노라. 하늘이 어찌 차마 이런 재앙을 내리는가? 거듭 큰 상喪을 만났는데, 나라에는 임금이 없을 수 없으므로 억지로 군하群下의 청을 따랐노라. 지극한 슬픔을 억제하기 어려운데 보위寶位가 어찌 편하겠는가? 삼가 생각하건대, 대행 대왕大行大王께서는 타고난 천성이 관대하고 어질었으며 그 마음은 효우孝友하였다. 저위儲位에 있은 지 30년에 온 국민이 목숨을 바칠 정성이 간절하였고, 조정의 정사를 대리한 지 4년에 성고聖考께서는 수고로움을 나누는 기쁨이 있었다. 남몰래 부각된 실덕實德은 지극히 어려움을 겪으면서도 마침내 정고貞固하게 대처했고, 말없이 운용한 신기神機는 지극히 비색함을 돌려서 태평하게 하였다. 하늘이 널리 덮어서 만물을 길러주어 모두 형통하게 하고, 태양이 높이 매달려 퍼지는 불길한 기운을 신속하게 쓸어버렸네. 놀이와 사냥과 음악과 여색은 하나도 좋아함이 없었으므로, 정령政令을 시행함에 있어 모두 그 적절함을 얻었다. 위대하신 선왕先王의 덕을 크게 이어받았으니, 거의 삼대三代의 다스림을 회복할 수 있었으나, 기거起居도 못하고 잠도 이루지 못하다가 문득 구령九齡의 징조를 잃었도다. 반야半夜 사이에 갑자기 빙궤의 유명遺命을 받게 될 줄 누가 알았겠는가? 불행하게도 5년 안에 두 번이나 승하昇遐의 슬픔을 품게 되었으니, 애처로운 나는 고아로서 이렇게 혹독한 벌을 받게 되었다.

여차廬次에서 곡읍哭泣을 하며 명령을 내릴 경황이 없었는데, 왕위王位에 오를 면복冕服 차림으로 어찌 차마 대통大統을 계승할 생각을 할 수 있겠는가? 비록 백료百僚들의 요청이 더욱 간절하다 하나, 다만 슬픈 감회만 더할 뿐이다. 돌이켜 보건대, 양전兩殿께서 특별히 간곡하게 권유勸諭하시니, 감히 초지初志를 고집할 수 있겠는가? 윤리倫理로는 형제이고 의리로는 부자이니, 진실로 지극히 애통함이 끝이 없다. 조종祖宗을 계승하여 신민臣民의 주인이 되었으나 보잘것없는 몸이 감당하기 어려움을 어찌하겠는가? 환규桓圭를 잡고서 오동잎의 희롱을 생각하였고, 법전法殿에 임해서 동기간同氣間에 쓸쓸함을 슬퍼하노라.

갱장羹墻의 사모함이 간절하니 차례를 계승하는 생각 잊을 수가 없고, 근심이 더욱 깊었으니 임금이 되는 것이 어찌 기쁘겠는가? 높은 지위에 오르니 두려움이 마음을 놀라게 하고, 성대한 의식을 보니 끊임없이 눈물만 흐른다. 선왕先王의 성덕盛德과 선행善行에 뒤따라 이어가기를 어찌 바라겠는가? 열성列聖의 대업大業과 큰 규모規模를 무너뜨릴까 매우 걱정이로다. 조종祖宗께서 잇따라 멀리 떠남을 슬퍼했으니, 나라를 장차 어떻게 다스릴 것이며, 인종仁宗·명종明宗처럼 서로 계승하기를 내가 어찌 감히 본받을 수 있겠는가?

이에 중외中外에 널리 알려서 사민士民과 기쁨을 함께하리라. 비록 옛 나라이나 새로운 명을 받았으니, 정치는 시작을 잘해야 할 기회를 당했고, 허물과 수치를 깨끗이 씻어내기 위하여, 이에 함께 살기 위한 인덕仁德을 베푸노라. 이달 30일 새벽 이전부터 잡범雜犯으로서 사죄死罪 이하는 모두 사면赦免하고, 관직官職이 있는 자는 각각 한 자급資級을 올려 주되 자궁자資窮者는 대가代加하게 한다.

아! 편안하고 위태로움과 다스려지고 혼란스러운 계기가 처음 시작에 있지 않음이 없으니, 협력하여 도와주어 유지할 수 있는 힘은 오직 여러 신하에게 기대하노라. 그래서 이렇게 교시敎示하니, 잘 알 것으로 생각한다.

정조 즉위 교서 (정조 1년, 1776년 3월 10일)

사도세자의 아들인 정조는 파란 많은 세손 시절을 보내고 영조의 승하로 즉위하게 되었다. 정조의 즉위 교서는 선왕 영조에 대한 지극한 칭송으로 시작한다. "아! 아름다웠도다. 50년 동안 빛이 나게 임어하시어 이에 천재일우千載一遇의 국운이 비로소 돌아올 날을 보게 되었다."라는 대목에서 보듯이 교서의 대부분을 조선시대 부흥기를 가져온 영조의 업적으로 채웠다. 교서는 '거듭 밝은 아름다움을 보게 되기 바란다.'는 간곡한 희망으로 마무리 되었다.

왕은 말하노라. 황천皇天이 한없는 재앙을 더없이 내리어 갑자기 거창한 일을 만나게 되었다. 소자小子가 보위寶位를 이어받게 되었는데, 억지로 백성들의 심정에 따르고 공경히 떳떳한 법을 지키려는 것이었으니, 어찌 임금의 자리를 편히 여겨서이겠느냐? 지난날에 열성列聖들께서 남기신 전통은 거의 삼대三代 시절의 융성한 것과 견주는 것으로서, 조종祖宗의 공덕功德은 상제上帝의 대명大命을 받든 것이었고, 문무文武의 모열謀烈은 후손들에게 편안함을 끼친 것이었다.

공손히 생각건대, 대행 대왕大行大王께서는 진실로 잘 계술繼述하시어 순舜과 같은 총명을 사방에 펼치므로 아! 만백성이 이에 화합하게 되고, 문사文思는 삼재三才의 도리를 겸하였으니 참으로 팔도八道가 좇아서 감화되었다. 고은 모전毛氈에 앉는 것을 엷은 얼음을 디디는 것처럼 생각하여 매양 공경하여 두려워하는 정성이 간절하였고, 가난한 집의 곤궁을 풀어 주기에 진념하여 더욱 자식처럼 돌보는 정사에 힘을 썼다. 근검이 왕가王家와 나라 가운데 나타나게 되었으니 진실로 순일한 덕이 밝아졌기 때문이고, 효제孝悌가 신명神明에게도 통하게 되었으니 이는 백행百行의 근본이라고 하는 것이다. 인경麟經의 존왕尊王의 의리를 게양하여 황단皇壇에 향사享祀하는 의식儀式을 갖추어 놓았고, 홍범 구주洪範九疇의 회극會極에 관한 공부에 힘을 써 만물들이 화육化育의 테두리 안에 안기게 하였다.

아! 아름다웠도다. 50년 동안 빛이 나게 임어하시어 이에 천재일우 千載一遇의 국운이 비로소 돌아올 날을 보게 되었다. 춘추는 당唐나라 요堯임금이 문치問治하던 때를 넘게 되어 만백성들이 모두 받들게 되고, 덕은 이미 위衛나라무공武公의 억계抑戒에 부합되어 임금의 지위를 편안하게 누리시었다. 그동안 기쁘기도 하고 두렵기도 한 마음으로 오직 장수하시기를 빌었는데, 어찌 마음이 끊어지는 듯한 애통에 갑자기 하루아침에 잠기게 될 줄 알았겠는가?

금등에 납책納冊하며 이 몸으로 대신하기 빌었지만 효과를 보게 되지 못하였고, 옥궤에서 명이 내리며 영원히 수염을 움켜쥐는 슬픔을 안게 되었다. 황연히 상약할 때가 있게 될 것으로 여기다가 그만 시선視膳할 날이 없게 되어버리고 말았다. 외롭고도 외롭게 애통 속에 있으며 바로 침괴枕塊하고 처점해야 할 때를 당했기에, 경황없이 무엇을 찾는 것 같은 참인데 어찌 즉위하여 어보御寶를 받는 예식이 편안하겠느냐?

지극한 애통을 스스로 견딜 수 없는데 차마 더욱 굳어지는 당초의 뜻을 늦출 수 있겠느냐마는, 대위大位를 비워서는 안 되는 것이니 어찌 막을 수 없는 대중의 심정을 헛되게 하겠느냐? 위로는 자전慈殿의 분부를 받들고 아래로는 옛 의식을 따라 이에 금년 3월 초10일 신사일辛巳日에 숭정문崇政門에서 즉위하고, 예순 성철 왕비睿順聖哲王妃 김씨金氏를 존숭하여 왕대비로 올리고, 빈嬪 김씨를 왕비로 올렸다. 철의綴衣를 돌아보니 측은하게 마음이 더욱 슬퍼지고, 화순에 임해서는 주르륵 눈물을 흘리며 울게 된다.

앞서는 '대신 노력하라.'는 성스러운 명을 받들고서 모든 기무를 섭

부록

217

행하기 힘쓰다가, 이제는 계서繼序해야 하는 상례를 준수하느라 삼양 三讓하는 일을 이루지 못하게 되었다. 크고 힘든 왕업을 생각하건대 순조롭게 감당할 수 있을까 싶고, 즉위하는 예식을 거행할 참을 돌아 보건대 부탁받은 것을 저버리게 될까 두렵다. 오직 혹시라도 당구堂 構를 이어가지 못할까 경계하며, 한없이 갱장羹墻에서도 사모되어짐 을 견딜 수 없다. 이에 10행의 윤음綸音을 반포하여 널리 사면하는 은 전을 내리는 것이니, 어둑새벽 이전의 잡범 가운에 사죄 이하는 모두 용서하여 면제해주라.

아! 오늘날은 처음으로 즉위한 참이기에 마땅히 널리 탕척하는 인 仁을 생각하였고 나의 일을 끝맺기를 도모하니, 거듭 밝은 아름다움 을 보게 되기 바란다.

고종 황제 즉위 교서(고종 34년, 1897년 7월 28일)

고종은 재위 34년을 맞이하면서 국호를 '대한'으로 왕은 '황제'로 칭한다. 또한 청 나라 연호를 폐지하고 '광무'라는 독자적인 연호를 사용한다. 19세기 말에 들어서면 서 조선은 수많은 열강들의 각축 속에서 국권을 보존하기조차 힘겨 워지게 된다. 이러한 상황에서 고종은 대한제국을 선포하고 황제라 칭하면서 국난극복의 전기를 마련하고자 했다. 국력이 뒷받침되지 못하는 상황에서도 5백년 왕조와 민족의 독립을 지키고자 했던 것이다. "어려운 시기를 만났으나 상제上帝가 돌봐주신 덕택으로 위기를 모면하고 안정되었으며 독립의 터전을 세우고 자주의 권리를 행사하게 되었다."는 대목은 너무나 안타깝게 느껴진다. 이때 고종은 황제로서의 권위를 갖기 위해 반조문頒詔文이라는 이름으로 왕후를 황후로 왕태자를 황태자로 칭호를 바꾸고 13개항에 이르는 제국의 새로운 정책을 선포한다. 그리고 '낡은 것을 없애고 새로운 것을 도모하며 교화를 시행하여 풍속을 아름답게 하려고 한다.'고 했다.

봉천 승운 황제奉天承運皇帝는 다음과 같이 조령詔令을 내린다. 짐은 생각건대, 단군檀君과 기자箕子 이후로 강토가 분리되어 각각 한 지역을 차지하고는 서로 패권을 다투어 오다가 고려高麗 때에 이르러서 마한馬韓, 진한辰韓, 변한弁韓을 통합하였으니, 이것이 '삼한三韓'을 통합한 것이다.

우리 태조太祖가 왕위에 오른 초기에 국토 밖으로 영토를 더욱 넓혀 북쪽으로는 말갈靺鞨의 지경까지 이르러 상아, 가죽, 비단을 얻게 되었고, 남쪽으로는 탐라국耽羅國을 차지하여 귤, 유자, 해산물을 공납貢納으로 받게 되었다. 사천 리 강토에 하나의 통일된 왕업王業을 세웠으니, 예악禮樂과 법도는 당요唐堯와 우순虞舜을 이어받았고 국토는 공고히 다져져 우리 자손들에게 만대토록 길이 전할 반석같은 터전을 남겨 주었다.

짐이 덕이 없다 보니 어려운 시기를 만났으나 상제上帝가 돌봐주신 덕택으로 위기를 모면하고 안정되었으며 독립의 터전을 세우고 자주의 권리를 행사하게 되었다. 이에 여러 신하들과 백성들, 군사들과 장사꾼들이 한목소리로 대궐에 호소하면서 수십 차례나 상소를 올려 반드시 황제의 칭호를 올리려고 하였는데, 짐이 누차 사양하다가 끝내 사양할 수 없어서 올해 9월 17일 백악산白嶽山의 남쪽에서 천지天地에 고유제告由祭를 지내고 황제의 자리에 올랐다. 국호를 '대한大韓'으로 정하고 이해를 광무光武 원년元年으로 삼으며, 종묘宗廟와 사직社稷의 신위판神位版을 태사太社와 태직太稷으로 고쳐 썼다. 왕후王后 민씨閔氏를 황후皇后로 책봉하고 왕태자王太子를 황태자皇太子로 책봉하였다. 이리하여 밝은 명을 높이 받들어 큰 의식을 비로소 거행하였다. 이에 역대의 고사故事를 상고하여 특별히 대사령大赦令을 행하노라.

1. 조정에서 높은 벼슬과 후한 녹봉으로 신하들을 대우하는 것은 원래 그들이 나라를 위해 충성을 다하도록 하기 위한 것이다. 나라의 안위安危는 전적으로 관리들이 탐오한가 청렴한가 하는 데 달려 있다. 관리들이 간사하고 탐욕스러우면 뇌물이 판을 치게 되어 못나고 간악한 자들이 요행으로 등용되고 공로가 없는 자들이 마구 상을 받으며 이서吏胥들이 문건을 농간하므로 백성들이 해를 입는 등, 정사가 문란해지는 것이 실로 여기에서 시작되는 것이다. 금년 10월 12일 이후부터 서울에 있는 크고 작은 아문衙門과 지방의 관찰사觀察使, 부윤府尹, 군수郡守, 진위대鎭衛隊 장관들과 이서, 조역으로서 단지 뇌물만을 탐내어 법을 어기고 백성들을 착취하는 자들은 법에 비추어 죄를 다스리되 대사령 이전의 것은 제외한다.

1. 조관朝官으로서 나이 80세 이상과 사서인士庶人으로서 나이가 90세 이상인 사람들은 각각 한 자급씩 가자加資하라.

1. 지방에 나가 주둔하고 있는 군사들은 수고가 많은 만큼 그들의 집안에 대해서는 해부該府에서 후하게 돌봐 주라.

1. 재주를 갖고서도 벼슬하지 않고 숨어 사는 선비로서 현재 쓸 만한 사람과 무예와 지략이 출중하고 담력이 남보다 뛰어난 사람은 대체로 그들이 있는 곳의 해당 관찰사가 사실대로 추천하고 해부該部에서 다시 조사해 보고 불러다가 적절히 뽑아 쓰라.

1. 은혜로운 조서詔書에 '묵은 땅은 세금을 면제해 주고 장마와 가뭄의 피해를 입은 곳은 세금을 면제해주고 백성에게 부과된 일정 세금을 면제해 준다.'는 내용이 있으니, 다시는 시일을 끄는 일이 있어서는 안 된다. 간혹 이미 다 바쳤는데도 지방관이 별개의 항목으로 지출해서 쓰거나 혹은 개인적으로 착복함으로써 백성들이 세금을 내지 않는다는 누명을 쓰게 된 것은 모두 면제하라.

1. 각 처의 주인 없는 묵은 땅은 해당 지방관이 살펴보고 내용을 자세히 밝혀서 보고하면 관찰사觀察使가 다시 살펴보고 판단한 다음에 허위 날조한 것이 없으면 즉시 문서를 주어 돈과 곡식을 면제하여 주며, 그 땅은 백성들을 불러다가 개간하도록 하라.

1. 문관文官, 음관蔭官, 무관武官으로서 조관은 7품 이하에게 각각 한 품계씩 올려 주라.

1. 사람의 생명은 더없이 중하므로 역대로 모두 죄수를 세 번 심리하고 아뢰는 조목이 있었다. 죄보다 가볍게 잘못 처리한 형관刑官의 죄는 죄보다 무겁게 잘못 판결한 경우보다 가볍다. 대체로 형벌을 다루는 관리들은 제 의견만을 고집하지 말고 뇌물을 받거나 청탁을 따르지 말며 범죄의 실정을 캐내는 데 힘쓰라.

1. 모반謀叛, 강도, 살인, 간통, 절도 등 여섯 가지 범죄를 제외하고는 각각 한 등급을 감하라.

1. 각도各道의 백성들 가운데 외롭고 가난하며 병든 사람들로서 돌보아 줄 사람이 없는 사람들은 해당 지방관이 유의하여 돌보아 주어 살 곳을 잃는 일이 없도록 하라.

1. 큰 산과 큰 강의 묘우廟宇 가운데서 무너진 곳은 해당 지방관이 비용을 계산해서 해부該部에 보고하고 제때에 수리하며 공경하는 도리를 밝히라.

1. 각 도의 도로와 교량 가운데 파괴된 것이 있으면 해당 지방관이 잘 조사하여 수리함으로써 나그네들이 다니는 데 편리하게 하라.

1. 조서 안의 각 조목들에 대하여 해당 지방의 각 관리들은 요점을 갖추어서 마음을 다하여 행함으로써 되도록 은택이 백성들에게 미치도록 힘써서 백성들을 가엾게 생각하는 짐의 지극한 뜻을 저버리지 말라. 만약 낡은 틀을 그대로 답습하면서 한갓 겉치레로 책임이나 때우고 있는 데도 해당 관찰사가 잘 살펴보지도 않고 되는 대로 보고한다면 내부(內部)에서 일체 규찰하여 엄히 처리하라.

아! 애당초 임금이 된 것은 하늘의 도움을 받은 것이고, 황제의 칭호를 선포한 것은 온 나라 백성들의 마음에 부합한 것이다. 낡은 것을 없애고 새로운 것을 도모하며 교화를 시행하여 풍속을 아름답게 하려고 하니, 세상에 선포하여 모두 듣고 알게 하라.

2
대통령 취임사(초대~6대)

올해는 광복 70년이 되는 해다. 1945년 해방된 이후 우리 현대사는 수많은 우여곡절을 겪었다. 빛과 어둠, 영광과 시련의 순간들이 교차했다. 하지만 전체적으로 보면 산업화와 민주화를 이루며 성공의 역사를 써왔다고 할 수 있을 것이다. 이들 순간들마다 대통령의 공식 연설문은 어떤 의미를 가졌을까? 우리들의 기억 속에서 아득하게 느껴지는 60년대 이전 대통령의 대표적인 연설문이라고 할 수 있는 취임사를 통해 초창기 우리 현대사의 단면을 살펴보고자 한다. 1948년 초대 대통령 취임사부터 1967년 6대 대통령 취임사까지 수록한다.

* 편집자 주: 소개될 대통령 취임사는 시대 상황과 현장감을 최대한 반영하고자 맞춤법의 교정 없이 원문을 게재함을 알려드립니다.

초대 이승만 대통령 취임사

초대 대통령 취임사는 대한민국 대통령의 첫 공식 연설문이다. 1945년 해방된 이후 미군정이 실시되면서 정부수립을 위한 논의들이 계속되었다. 결국 1948년 남한 만의 총선거가 치러지고 제헌 국회를 구성하게 되었다. 7월 17일 헌법 공포에 이어 대통령 선거가 실시되었다. 헌법규정에 따라 대통령 선거는 국회에서 이뤄졌다. 국민의 직접선거가 아닌 국회의원들의 간접선거로 선출한 것이다. 3분의 2 이상의 출석과 3분의 2 이상의 찬성으로 선출하기로 되어 있었다. 재적의원 200명 가운데 196명이 출석하였고 이승만 후보가 180표를 얻어 당선되었다. 7월 24일 국회의사당으로 사용하던 옛 중앙청 광장에서 헌정 사상 첫 대통령 취임식이 열렸다.

이승만 대통령의 취임사는 광복의 환희와 감격, 그리고 새로운 나라에 대한 희망을 담고 있었다. '여러 번 죽었던 이 몸이…'로 시작하는 취임사 인사부분에서 '남여동포가 모다 눈물을 씻으며' '뼈에 맺히는 눈물을 금하기 어렵다'고 광복의 벅찬 감동을 전하고 있다. 인사에 이어 정부조직의 방향을 두 번째 메시지로 담고 있다. 그 다음 메시지는 통일에 대한 포부와 세계 모든 나라와의 친선을 표방하고 있다. 이날 연설은 '새로운 국가를 만년반석 위에 세우기를 결심합니다.'로 마무리했다.

여러 번 죽었던 이 몸이 하나님의 은혜와 동포의 애호愛護로 지금까지 살아오다가 오늘에 이와 같이 영광스러운 추대推戴를 받은 나로서는 일변一邊 감격感激한 마음과 일변 심당心當키 어려운 책임을 지고 두려운 생각을 금하기 어렵습니다. 기쁨이 극極하면 우슴으로 변하여 눈물이 된다는 것을 글에서 보고 말을 들었든 것입니다. 요사이 나의 치하致賀하는 남여동포가 모다 눈물을 씻으며 고개를 돌립니다. 각처에서 축전 오는 것을 보면 모다 눈물을 금하기 어렵다합니다. 나는 본래 나의 감상으로 남에게 촉감觸感될 말을 하지 않기로 매양 힘쓰는 사람입니다. 그러나 목석간담木石肝膽이 아닌만치 뼈에 맺히는 눈물을 금하기 어렵습니다. 이것은 다름이 아니라 40년 전에 잃었던 나라를 다시 찾는 것이오 죽었던 민족이 다시 사는 것이 오날 이에서 표면表面되는 까닭입니다.

대통령 선서하는 이 자리에서 하나님과 동포 앞에서 나의 직무를 다하기로 일층一層 더 결심하며 맹서합니다. 따라서 여러 동포들도 오늘 한층 더 분발해서 각각 자기의 몸을 잊어버리고 민족전체의 행복을 위하여 대한민국의 국민 된 영광스럽고 신성한 직책을 다 하도록 마음으로 맹서하기를 바랍니다. 여러분이 나에게 맡기는 직책은 누구나 한사람의 힘으로 성공할 수는 없는 것입니다. 이 중대한 책임을 내가 용감히 부담할 때에 내 기능이나 지혜를 믿고 나서는 것이 결코 아니며 전혀 애국남여의 합의 합력함으로만 진행할 수 있는 것을 믿는 바입니다. 이번 우리 총선거의 대성공을 모든 우방들이 칭찬하기에 이른 것은 우리애국남여가 단순한 애국정신으로 각각 직책을 다한 연고緣故입니다. 그 결과로 국회성립이 또한 완전무결한 민주주의제로 조직되어 2, 3 정당이 그 안에 대표가 되었고 무소속과 좌익색태左翼色態로 주목받은 대의원이 또한 여럿이 있게 된 것입니다.

 기왕 경험으로 추측하면 이 많은 국회의원 중에서 사상충돌로 분쟁분열을 염려한 사람들이 없지 않았던 것입니다. 그러나 중대 문제에 대하여 종종 극열한 쟁론爭論이 있다가도 필경畢竟 표결될 때에는 다 공정한 자유의견을 표시하여 순리적으로 진행하게 되므로 헌법제정과 정부조직법을 다 민의대로 종다수 통과된 후에 아무 이의 없이 다 복종하게 되므로 이 중대한 일을 조속한 한도 내에 원만히 채결하여 오늘 이 자리에 이렇게 된 것이니 국회의원 일동과 전문위원 여러분의 애국성심으로 우리가 다 감복하지 않을 수 없는 일입니다. 나는 국회의장의 책임을 사면하고 국회에서 다시 의장을 선거할 것인데 만일 국회의원 중에서 정부처장으로 임명될 분이 있게 되면 그 후임자는 각기 소관투표구所管投票區에서 갱선更選하게 될 것이니 원만히 표결된 후에 의장은 선거할듯하며 그동안은 부의장 두 분이 업무를 대임代任할 것입니다. 따라서 이 부의장 두 분이 그동안 의장을 보좌해서 각 방면으로 도와 협의 진행케 하신 것을 또한 감사히 생각하는 바입니다.

 국무총리와 국무위원조직에 대해서 그간 여러 가지로 낭설이 유포되었으나 이는 다 추측적 언론에 불과하여 며칠 안으로 결정 공포될 때에는 여론상 추측과는 크게 같지 않을 것이니 부언낭설浮言浪說을 많이 주의注意하지 않기를 바랍니다. 우리가 정부를 조직하는데 제일 중대히 주의할 바는 두 가지 입니다. 첫째는 일 할 수 있는 기관을 만들 것입니다. 둘째로는 이 기관이 견고해져서 흔들리지 않게 해야 될 것입니다. 그러므로 사람이 사회명예나 정당단체의 세력이나 또 개인사정상 관계로 나를 다 초월하고 오직 기능 있는 일군들과 함께 모여 앉아서 국회에서 정한 법률을 민의대로 진행해 나갈 그 사람끼리 모여서 한 기관이 되어야 할 것이니 우리는 그 분들을 물색하는 중입니다. 여러분들은 인격이 너무 커서 적은 자리에 채울 수 없는 이도 있고 큰 자리를 채울 수 없는 이도 있으나 참으로 큰 사람은 능히 큰 자리에도 채울 수 있고 적은 자리에도 채울 수 있을 뿐 아니라 적은 자리 차지하기를 부끄러이 하지 않습니다.

기왕에도 누가 말한바와 같이 우리는 공산당을 반대하는 것은 아닙니다. 공산당의 매국주의를 반대하는 것이므로 이북의 공산주의자들은 절실히 깨닫고 일제히 회심개과悔心改過해서 우리와 같은 보조를 취하여 하루바삐 평화적으로 남북을 통일해서 정치와 경제상 모든 복리를 다같이 누리게 하기를 바라며 부탁합니다. 만일 종시終始 깨닫지 못하고 분열을 주장해서 남의 괴뢰傀儡가 되기를 감심甘心할진대 인심이 결코 방임放任치 않을 것입니다. 대외적으로 말하면 우리는 세계 모든 나라와 친선해서 평화를 증진하며 외교 통상에 균등한 이익을 같이 누리기를 절대 도모할 것입니다. 교제상 만일 친선에 구별이 있으면 이 구별은 우리가 시작하는 것이 아니요 타동적으로 되는 것입니다. 다시 말하자면 어느 나라던지 우리에게 친선히 한 나라는 우리가 친선히 대우할 것이요 친선치 않게 우리를 대우하는 나라는 우리도 친선히 대우할 수 없을 것입니다. 과거 40년간에 우리가 국제 상 정당한 대우를 받지 못한 것은 세계 모든 나라가 우리와 접촉할 기회가 없었던 까닭입니다. 일인日人들의 선전만을 듣고 우리를 판단해 왔었지만 지금부터는 우리 우방들의 도움으로 우리가 우리나라를 찾게 되었은즉 우리가 우리일도 할 수 있으니 세계 모든 나라들은 남의 말을 들어 우리를 판단하지 말고 우리 하는 일을 보아서 우리의 가치를 우리의 중량대로 판정해주는 것을 우리가 요청하는 바이니 우리 정부와 민중은 외국의 선전을 중요히 역이어서 평화와 자유를 사랑하는 각국 남녀로 하여금 우리의 실정을 알려주어서 피차에 양해를 얻어야 정의가 상통하여 교제가 친밀할 것이니 우리의 복리만 구함이 아니요 세계평화를 보장하는 것입니다. 새 나라를 건설하는데 새로운 정부가 절대 필요하지마는 새 정신이 아니고는 결코 될 수 없는 일입니다. 부패한 정신으로 신성한 국가를 이룩하지 못하나니 이런 민족이 날로 새로운 정신과 새로운 행동으로 구습을 버리고 새 길을 찾아서 날로 분발 전진하여야 지나간 40년 동안 잃어버린 세월을 다시 회복해서 세계 문명국에 경쟁할 것이니 나의 사랑하는 삼천만 남녀는 이날부터 더욱 분투용진奮鬪勇進해서 날로 새로운 백성을 이룸으로서 새로운 국가를 만년반석萬年盤石 위에 세우기로 결심합니다.

1948년 7월 24일

(『대통령이승만박사담화집』, 공보처, 1953)

2대 이승만 대통령 취임사

우여곡절 끝에 헌법을 직선제로 개헌하여 재선에 성공한 이승만 2대 대통령의 취임식은 1952년 8월 15일에 열렸다. 바로 6·25전쟁의 소용돌이 속에 개최되었다. 서울을 두 번이나 빼앗기고 다시 찾았지만 아직도 전쟁의 끝은 보이지 않았던 때였다. 전쟁을 치르는 대통령의 연설은 어떠했을까. 이날 취임사는 전체 연설의 90% 정도를 6·25전쟁에 관한 것으로 채웠다. 우방국의 도움으로 전쟁을 치르고 있는 약소국가 대통령으로서의 안타까움을 담고 있다고 할 수 있다. '백만 명의 반수되는 우리 청년들이 희생적 제단에 저의 생명을 바쳐…' '일천만 우리 동포는 가옥을 잃어버리고 도로에 방황하니…' '이백만 우리 동포가 잔혹한 사상을 당하게 된 것…' 등 차마 말하기조차 참담한 내용들이다. 이런 와중에서도 '세계 53개 자유국들이 우리 옆에 서서…' '16개국의 군인들이 우리 땅에서 같이 원수들을 쳐 물리치고…' 대목에서 보듯이 유엔군의 지원에 희망을 갖고 있었다. 또한 우리의 자유를 위해서 싸우는 것이 아니라 세계의 자유를 위해서 싸우는 것이라며 명분을 강조했다.

이 대통령은 대부분을 차지한 6·25전쟁에 대한 메시지에 이어 개헌과 관련한 해명을 간략히 언급하고 있다. 국내 정치에 대한 유일한 메시지라고 할 수 있다. 그리고 마무리에서 '우리 앞에 놓인 것은 오직 승전과 성공일 것'이라며 연설했다. 공허한 외침으로 들릴 수도 있고 누란의 위기에 처한 나라의 국민들에게 전하는 강력한 의지라고 볼 수도 있을 것이다.

오늘 취임식에서 내가 다시 지게 되는 책임은 내가 할 수만 있으면 지지 않았을 것입니다.

지나간 4년 동안에 행한 정부일은 쉬운 일이 아니였던 것입니다. 이 앞으로 오는 일은 좀 쉬우리라고는 볼 수 없는 터입니다. 우리 사랑하는 국민이 이 위험한 때를 당해서 정부관료나 일반 평민이나 너나를 물론하고 누구나 각각 나라의 직책과 민족의 사명 외에는 다른 것은 감히 복종할 생각도 못할 것입니다. 우리 생명도 우리의 것이 아닙니다. 우리 앞에 당한 노력과 고초를 우리들이 피하고 우리 몸의 평안과 마음에 원하는 것을 감히 생각도 할 수 없는 것입니다.

노소를 막론하고 할 수 있는 대로 우리의 최선을 다해야 할 것입니다. 밖에서 노력해서 이남이북의 우리 국민을 먹여 살릴 일을 하던지 전쟁에 나가서 악독한 원수를 쳐 물리치든지 정부에서 무슨 직책을 맡아 진행하든지 각각 실수하거나 실패하고는 아니 될 것입니다. 이 때는 우리가 다 희생적으로 공헌할 때입니다. 모든 한인 남녀는 다같이 사명을 맡아서 고상하고 영웅스러운 공헌이 되어야 할 것입니다.

백만 명의 반수되는 우리 청년들이 희생적 제단에 저의 생명을 바쳐서 냉정한 담량과 백절불굴하는 결심으로 무도한 공산당의 침략에서 우리를 구해내기 위하여 싸우는 중입니다. 일천만 우리 동포는 가옥을 잃어버리고 도로에 방황하니, 무압지욕無厭之慾을 가진 적군들이 우리를 정복하자는 희망으로 파괴 소탕한 중에서 살길을 구하고 있는 중입니다.

이북에 칠백만 우리 형제자매들은 적색학정 아래서 피를 흘리고 애통하고 있는 것을 우리가 다 구해내지 않고서는 잠시라도 평안히 쉴 수 없는 것입니다.

이 불의한 전쟁의 참혹한 전재로 우리나라는 거의 다 적지赤地가 되었으니, 이백만 우리 동포가 잔혹한 사상을 당하게 된 것입니다. 우리 반도의 한 가족도 비참한 지경을 당하지 않은 사람이 드물게 되었으며, 각각 우리 포악한 원수들의 죄를 징벌하고 우리 파괴된 나라에서 모라내라는 요청을 하기에 정당한 이유를 안 가진 사람이 없는 것입니다.

이 환난에 대해서 우리는 한 가지 경력으로 배운 것이 있으니, 이것은 동족상애와 상호원조의 뜻을 배운 것입니다. 이번에 처음으로 우리가 나라를 먼저 생각하고 우리 몸을 둘째로 생각하든지 아주 잊어버린 데까지 이른 것입니다. 이런 애국심과 통일정신으로 우리나라는 오늘날에 이르러서 모든 파괴 중에서도 전보다 몇 갑절 강하게 될 것입니다. 우리가 처음으로 충분히 훈련받고 무장한 국방군이 준비되어서 육지와 해면과 공중에서 모든 방면으로 전투력이 증가되며 무기 무장이 날로 구비해 지는 것이니, 이 용감한 군인들은 모든 연합군의 사랑과 칭찬을 받으며 우리 원수들이 미워하며 두려워하고 우리 민중의 영원한 감격을 가지게 하는 것입니다.

이 사람들은 우리 민국의 방비가 되어있는 만치 우리는 어데까지든지 이 사람들의 뒤를 바치도록 맹서하여야 될 것입니다. 우리 앞으로 당하는 몇 해 동안은 우리의 해결할 문제가 중대하고 또 어려운 것입니다. 우리가 한 가지 위로되는 것은 이 문제를 우리가 외로히 당하는 것이 아닙니다. 세계의 53개 자유국들이 우리 옆에 서서 나가기를 보증한 것입니다. 또 16개국의 군인들이 우리 땅에서 같이 서서 원수들을 처 물리치고 있는 것입니다. 우리 반도에서 이러난 어려운 문제는 세계에서 공동의 투쟁과 충돌에서 자라난 것입니다. 그러므로 이 어려운 것을 정복하기에는 우리의 도움과 노력이 있어야 할 것입니다.

그러나 이 전쟁을 우리 도시와 우리 집에서 싸와나가느니 만치 우리나라를 재건하기에도 다수의 우리의 희생과 우리의 숨 쉬지 않는 노력으로 성취할 것을 잊지 않아야 합니다.

우방들이 우리를 도와주는 중입니다. 그러나 우리가 우리의 직책을 더욱 행할수록에 우리 친우들이 더욱 감동되어서 우리를 위하여 자기들이 더 희생할 것입니다.

이 두 해째의 난리를 겪은 뒤에는 우리의 첫째 직책은 전쟁전선에서 할 일입니다. 우리가 전승해서 원수들을 다 항복받을 때까지는 우리에게는 쉴 수도 없고, 끝도 없는 것입니다. 마크 크라크 장군과 잼스 밴프리트 장군은 우리에게 선언하기를 우리 땅에서 토굴을 파고 있는 공산군이 어떠한 강력으로 우리를 처드러 오던지 우리는 능히 정복시킬 결심과 능력이 상당하다는 것입니다.

이 전쟁 때와 그 후라도 우리의 행할 보편적으로 목적하는 것은 악독한 원수들이 우리에게 피를 흘리게 한 상처를 합창合瘡시키는데 있을 것입니다. 국제연합 제국과 우리의 가장 친절한 우방인 북미합중국이 여러 번 선언하기를 자기들의 목적은 우리와 같다고 한 것이니, 즉 우리 대한이 통일 독립 민주국가로 완전히 회복하는 것입니다.

어떻게 해서 이 통일의 목적을 완수해야 되겠다는 구체적 방책을 확실히 말하기는 어려우나 얼마쯤은 우리 원수들의 정략과 계획에 달렸지만, 동시에 우리의 마음에 매친 결심과 담량과 목적이 얼마나 공고한가에 달린 것입니다. 우리가 한 가지 단언하는 것은 우리 한국은 분열이 되거나 얼마쯤 점령을 당하고는 살 수 없다는 것입니다. 다라서 자유세계도 공산제국주의를 허락해서 저의들의 승리한 것을 길러 주고는 자유세계도 부지하기 어려울 것입니다.

공산제국주의는 모든 연합국을 대립해서 전세계의 민족주의를 타도시킬 목적으로 할 것이니, 기본적으로 말하자면 우리의 자유를 위해서 싸우는 것이 세계의 자유를 위해서 싸우는 것입니다. 우리의 승전은 모든 나라들의 승전입니다. 만일 우리가 실패한다면 세계 모든 자유국민에게 비극적인 실패일 것입니다. 자유세계의 단결은 누가 깨트리지 못할 것입니다. 우리를 치는 힘이 들수록 모든 반공국들의 공동안전을 이해서 단결심이 더욱 단단해 질 것입니다.

이 과정은 크레므린에 있는 모든 불의한 사람들이 먼저 배와야 할 것입니다. 이 사람들이 이 과정을 잘만 배우게 되면 집단안전의 길이 우리 앞에 널리 열려있어서 모든 자유를 원하는 세계 민족들이 한량 없는 물산과 번성이 평화를 새 시기를 인도할 것입니다. 우리 국내에서도 모든 내정과 지방에 관계되는 문제들도 앞으로 몇 해 동안에는 국제상에 영향이 없게 되기는 어려울 것입니다. 살 수 없는 물가 고등으로 민중의 혈맥을 모두 말려주는 이 문제도 전답에와 공장과 광산에서 생산력이 충분히 회복되어야만 충분히 해결 될 것입니다. 우리 도시와 촌락과 우리들 가정과 생산근원은 우리를 도와서 집단안전을 위하여 싸우는 나라들이 각각 자기들의 부담으로 도와줄 그 수량을 충분히 내여주기 전에는 해결되기 어려울 것입니다.

이 태평양 전체에 대한 문제와 전세계에 대한 문제는 지금 한국 내에서 되어가는 문제와 결연되고 있으니, 이는 처음으로 세계 모든 사람들이 담대히 이러나서 근대의 제일 악독한 전쟁을 싸워나가며 공산당 제국주의의 오래 내려오든 것을 끝막기로 결심한 까닭입니다. 그 끝을 한국에서 막기로 시작된 것입니다.

지금은 나의 개인 멧세지로서 우리 국민과 또 친근하고 관후한 우리 연합국에 한마디 하려합니다. 내 평생은 우리나라의 운명과 같아서 계속적 투쟁과 인내력으로 진행해온 것인데, 어떤 때는 앞에 장해가 너무도 커서 희망이 보이지 않을 때가 많았든 것입니다. 1882년 한미조약韓美條約 이후로 우리가 밖으로는 각국의 제국주의와 안으로는 타락하여가는 군주정치의 학정을 대항할 적에 희망도 보이지 않은 것을 싸워 왔든 것입니다. 지금 와서는 이 싸움 시작하든 사람들이 다 없어지기 전에 민주정치를 세워 민의에다 굳건한 토대 우에 세워놓고 세계 모든 결심한 친구들이 우리를 호위하고 있기에 이른 것입니다. 일본의 무력가들이 폭력으로 우리의 독립문을 닫어 놓은 뒤에는 세계 모든 나라들이 우리를 포기하고 이저버렸으나, 우리 민중은 굴복치 않은 것입니다.

우리 국가의 자유를 1907년부터 1912년까지 우리 의병들이 싸우며 보호하랴했고, 1919년에 만세운동으로 우리 독립을 선언하였으며, 중국과 만주에서는 우리 국군의 잔병이 1945년까지 싸워오다가 마지막으로는 공화민주국가의 결실이 되어 지나간 4년 동안에 처음으로 민국정부를 건설케 된 것입니다. 우리는 공산당에게 정치상 굴복을 거부해서 싸운 것입니다. 미국 군정시대에 소련과 교섭하여 평화적으로 협상을 열어서 평화적 담판으로 우리나라를 다시 통일시키자는 주의는 지금에 와서는 우리나라뿐만 아니라 모든 세계 자유국가와 합해서 전쟁으로 결과내기로 시작되고 있는 것입니다.

이 전쟁도 우리 사람들의 이전에 싸와 오든 전쟁과 같이 결국은 승전으로 도라갈 것입니다. 우리 목적이 우리 이웃의 자유를 없이 하자느니보다 우리의 자유를 회복하고 보유하자는 것뿐이니 만치 우리는 실패할 수 없을 것입니다. 내 간담에 깊이 갈망하며 원하는 바는 내가 60년 동안을 공헌해서 분투노력한 이 나라를 내 생명이 끝나기 전에 굳건히 안전과 자유와 통일을 민주국가 안에서 성립되는 것을 보자는 것입니다.

이번에 소위 정치상 파동이 일대 위기라고 세계에 전파된 것이 실상은 손 안에 풍파이였든 것입니다. 사실을 말하자면 몇몇 외국 친우들과 외국 신문기자들이 나의 정치적 원수들의 말을 듯고 내가 병력을 이용해서 국회를 해산하고 민주정체를 없이 하려는 괴상한 언론으로 고지들었든 것입니다. 그러나 나의 평생 역사와 나의 주장하는 목적으로 아는 친우들은 이런 낭설을 듯고 웃었으며, 혹은 분개히 역인 것입니다. 다행히 우리 동포가 나를 전적으로 지지한 힘으로 우리가 반대자들과 대립하여 그들을 이기고 그 결과로 오래 싸워오든 개헌안을 통과 식켜서 대토령 선거권을 국회에 마껴주지 않고, 민중의 직접투표로 행하게 되었으므로 우리의 민주정체와 주의가 절대로 굳건해진 것입니다.

우리의 자유와 우리의 통일과 우리의 민주정체를 위해서 나는 앞으로도 나의 생명과 나의 공헌을 다 하기를 다시 선언하는 바입니다. 나는 나의 사랑하는 전 민족에게 대하여 각 개인에게 일일히 말하노니 이 공동목적을 완전히 달성할 때까지 각인의 모든 생각이나 주장을 다 버리고 일심협력하나는 것입니다. 사천여년의 역사를 계속하며 우리의 신성한 조상들이 계계승승하여 나려오며 이 금수강산에서 살며 일하다가 필요한 때에는 다 일어나 싸워서 우리의 거룩한 유업을 우리에게 물려주었고, 또 앞으로 이 신성한 유업을 보유할 책임을 우리의 손에 끼쳐준 것입니다. 우리의 오랜 역사상에 어떤 시대를 물론하고 오늘 우리가 당한 형편같이 어려운 적은 없었든 것입니다.

우리 국민들이 란리를 담대히 치루고 직책을 다 힘껏 행한 것입니다. 앞으로 우리가 다 합해서 연속 진행할 것입니다. 우리가 같이 일하며 희생하며 우리가 같이 싸워서 마침내 승전할 것입니다.

승전이 우리 마음과 우리 간담에 있을 동안에는 우리가 실패는 없을 것입니다. 제일 위험한 것은 다 지냈으며, 우리 앞에 놓인 것은 오직 승전과 성공일 것입니다.

1952년 8월 15일

(『대통령이승만박사담화집』, 공보처, 1953)

3대 이승만 대통령 취임사

1956년 8월 15일 중앙청 광장에서 3대 대통령 취임식이 열렸다. 이날 취임식도 광복절 경축식과 함께 진행되었다. 이날 취임사에서 이 대통령은 인사부분에 이어 공산주의에 대한 우려를 앞세우고 있다. 특이한 점은 일본이 중공이나 소련, 북한과 가까워지고 있다는 점을 강조한 대목이다. 이어 집권 8년의 성과를 말하고 있다. 그 다음 메시지로는 첫째 중소공업 발전, 둘째 농민을 위한 재정 순환정책, 셋째 환율 등 경제안전 정책 등을 밝히고 있다.

나의 사랑하는 동포 여러분. 내가 오늘 또 한 번 우리 민중 앞에 서서 대통령 취임 선언식을 제3차로 행하게 된 것입니다.

우리 동포들이 나의 지도에 신념을 표시한 것에 대해서 내가 겸손한 마음과 영광스러운 뜻으로 평화할 때에나 전쟁 중에서나 또 국내 국외의 관계를 막론하고 우리 민족의 복리를 위해서 내 성심과 능력을 다하기를 맹서하는 바입니다.

이다음 4년은 우리 역사에 제일 긴절한 시대입니다. 우리가 앞에 당한 여러 가지 큰 문제를 위해서 많은 희생을 당하며 여기까지 나온 역사를 대강 생각해 보는 것이 필요한 것입니다.

우리의 제일 긴급하고 절박한 문제는 통일입니다. 한국이 분열된 것을 잠시라도 그저 두는 것은 우리나라 국민에게 불공평한 것이며 세계평화를 위협하는 것입니다. 그 반면으로 한국을 통일시키는 것은 유엔의 큰 영예가 될 것이며 또 국제상 관계에 이유와 공의를 믿는 모든 나라에 큰 성공일 것입니다.

우리 국제상의 둘째로 큰 문제는 일본이 공산당과 점점 친밀하여 가는 것입니다. 일본이 사절단을 중공과 한국 이북에 연속 보내서 공산당들과 결속을 만들고 있는 것입니다.

우리 경찰이 날마다 우리나라에 잠입하여 들어오는 공산당들을 잡아드려서 저들의 행동을 밝히 드려다 보고 있는 것입니다. 이 사람들은 군기와 재정을 상당히 준비해 가지고 들어와서 우리나라에 난동과 혁명운동을 선동하는 것이 목적인 것입니다. 만일 일본이 북경과 모스크바의 공산당들의 뒤를 계속 따라간다면 어떠한 결과가 생길 것입니까. 자유세계가 이 위태한 것을 제때에 각오하고 일어설 것입니다.

다음으로 우리나라의 내정을 말하자면 내 생각에는 지나간 첫 8년 동안에 민주정체의 진보를 성취한 것은 실로 역사상 드문 성공입니다. 일본의 선전에 빠진 사람들은 한인들이 능히 자주 국가를 진행할 준비가 되었을까를 의심했던 것입니다.

오늘 와서 보면 우리 정부는 삼권분립으로 행정부 입법부 사법부가 병행해서 발전되고 있는 것이며 우리가 전국적으로 또 지방적으로 여러 번 선거를 집행했었는데 매번에 각오가 깊이 박히는 것은 우리나라의 주권이 민중에게 있다는 것이며 또 우리 유권자들의 권리가 점점 늘어가서 굳건한 토대가 선 것입니다.

사회상이나 교육상의 발전은 막대한 성공입니다. 모든 어려운 문제가 많은 중에서도 우리나라는 벌서 교육의 나라가 되어서 우리 청년들이 전에 없던 기회를 가지고 무엇이든지 다 배울 수 있을 만치 교육제도가 되어 있는 것입니다.

기한과 질병을 다 이겨냈으며 우리의 농지들을 농민들에게 다 넘겨주어서 농민들이 농토의 주인이 되게 한 것입니다. 부녀들도 날마다 정치 사회 경제상으로 진전해 나가고 있으며 우리 청년들도 새 세계의 안광을 가지고 앞으로 발전해 나가고 있는 것입니다.

우리의 경제상 전도도 크게 진전되고 있는 것이니 1953년 하반기까지는 미국의 원조금액을 대부분 임시 구급책에 쓰고 우리나라의 생산력을 회복하는 데는 쓰지 못했던 것이나 우리가 감사하는 것은 그 정책이 고쳐져서 지금은 전쟁에 파괴된 경제를 다시 회복하는데 놀라운 진보가 되고 있는 것입니다. 원주原州나 춘천春川같이 전쟁에 전수히 파괴되었던 도시들이 날로 재건축이 되어가는 중이며 지나간 수 년 동안에 새 공장들이 건축되어서 우리 민족이 여러 대를 내려가며 누릴 복리를 양출釀出하고 있는 중입니다.

내가 간단하게 이 몇 마디로 그 동안에 성취한 것을 말하는 것은 우리가 더욱 낙관적으로 결심해서 이 앞에 모든 어려운 문제를 이겨 나가자는 뜻으로 말하는 것입니다. 우리 정부에서는 이 어려운 문제를 다 인정하며 또 우리 민중의 복리를 진전시키기 위해서 앞으로 장기계획이 필요한 것을 또한 인정하는 것입니다. 이 장기계획의 순서를 우리가 만들어서 진전시키는 계획은 대략 5개년을 앞두고 해나갈 것인데 그 동안에 우리가 노력해서 성공하려는 조건은 대강 다음과 같은 것입니다.

첫째는 우리가 중소공업을 많이 발전시키는 것이니 이 공업들을 다 민간에서 자유로 해가도록 만들어서 전국적으로 생산력을 증가해 가지고 국내에서 쓸 것과 해외에 수출할 것을 만들며 동시에 직업을 마련해서 실업자가 없도록 만들자는 것입니다.

우리 사람들은 발명하는 재능과 용진력이 충분함으로 지금 우리가 가장 필요한 것이 양편으로 있으니 이것은 우리가 은행의 필요를 알아서 그리로 달하여 모든 영업을 진전시킬 것이요 중소공업에 대해서는 융자를 해주는 제도를 펴놓게 하며 남은 귀속재산을 속히 다 팔아서 민간 사유물을 만들 것이니 나는 대통령의 책임으로 이 방면으로 할 수 있는 데까지 힘을 쓸 것이고 또 국회에 요청해서 애국성심으로 협조하며 이 여러 가지 긴요한 사업을 속히 또 정밀하게 도달하여 나가기를 바라는 것입니다.

우리는 쌀과 다른 곡식의 생산 수량이 늘도록 만들기를 힘쓸 것이니 이것은 수리사업과 개간사업을 개량해서 나가야 할 것이며 보통 물건 값 수준에는 곡식 값이 표준이 되는 것이니 생산을 증가하는 것이 경제의 안전을 성취하고 또 유지하게 만드는 근본이 되는 것이며 이렇게 해서 정부의 공무원과 봉급생활하는 사람들로 하여금 자기들이 버는 것을 가지고 자기와 자기 가족들이 살도록 해주어야 될 것이며 또 여기에 대해서 특히 내가 한 가지 말하려는 것은 우리 국군의 식량 부식물을 좀 더 늘여서 주리는 사람이 없도록 전력하려는 것입니다.

또 둘째로는 우리나라 농민들을 위해서 재정 순환하는 데와 물건 사고파는데 새 제도와 개량된 방식을 실시하는 것이 필요한 것입니다. 지금 농림부에서 전국농민회 조직을 완성하기에 힘쓰고 있는 중이니 이것이 성공되면 이전 농회에 속했던 재산을 다 그리로 넘겨줄 것입니다. 그전 농회는 전쟁 전에 해산을 시켜서 그 재산이 농림부에 보관되어 있는 것인데 새 농민화가 조직된 후에는 그 재산도 농민회에 넘길 것입니다. 이 새 농민회는 단순히 농업관계 뿐이고 정치상에는 아무 관계가 없게 만들 것이며 이 회의 권한은 농업은행을 주식회사로 차지하고 또 주장할 것이며 이 회에서 비료 발매권과 미곡 매매권리를 가지게 되며 또 농민에게 융자를 주어 농민들이 적은 변리로 돈을 얻어 쓰도록 만들어야 될 것입니다. 이 순서 하에서는 농민들이 고리대금을 쓸 필요가 없게 되며 또 우리가 해마다 봄과 여름을 당해서 쌀값이 올라가는 것을 방지할 수 있게 될 것입니다.

셋째는 경제안전을 시키는 것입니다. 이 문제는 벌써 많이 교정된 것인데 작년에 미국과 협의해서 달라 환산율을 500 대 1로 정한 것이 큰 도움이 된 것입니다. 쌀과 다른 곡식의 생산을 늘리고 공장에서는 생산력을 증가시키며 또 농산물을 매매하는 제도와 물산수출을 전적으로 장려하자는 것입니다. 지금부터는 해외에서 곡식을 수입할 적에는 그 물건이 제때에 들어오게 만들어야 될 것이니 이것이 제때에 들어오지 못하면 쌀값이 졸지에 올라가는 것을 막을 수가 없게 되는 것입니다. 환산율을 절대로 지켜서 전국이 경제상으로 이익을 보게 되는 것을 국민들이 다 도와야 될 것이니 이것은 국민된 자의 직책이며 우리 국민이 다 지켜야만 되는 것입니다.

우리가 앞으로 해갈 정책이 광대한 것이나 성공할 능력이 자재한 것이며 미국이 우리의 재건축하는 계획을 양해하고 동정해서 돕는 힘으로 우리의 목적을 도달할 수 있게 될 것입니다.

우리 민중의 복리를 위해서 성심으로 일을 하는 것이 우리의 정책인 것이니 우리는 희생적 정신으로 합동해서 전력을 다하여 진행할 것이며 우리의 모든 행동과 생각에는 나라를 제일 먼저 도와야 될 것입니다. 이것이 우리 행정상의 정신이며 또 국회와 모든 국민에게 요청하는 것입니다.

결론으로 내가 우리 사랑하는 동포들에게 이르고자 하는 말은 지금 세계가 다 공존주의의 함정에 들어가는 것 같으나 이것은 오래지 않을 것입니다.

우리는 한번 다시 새로 맹서하노니 우리들은 오직 독립으로 또 통일민주국으로 세운 한국을 위해서 우리들은 우리의 생명과 모든 것을 공헌하기에 주저하지 않을 것입니다. 우리는 나라의 독립이 없으면 우리 개인의 자유가 없는 것이며 우리들은 자유가 없는 생명보다 죽음을 택할 것입니다. 우리가 이 선서 밑에서 다 합동으로 나아가면 전지전능하신 하느님이 우리를 도와주실 것을 나는 아는 바입니다.

1956년 8월 15일

(『대통령이승만박사담화집』 3, 공보실, 1959)

4대 윤보선 대통령 취임사

4·19 혁명으로 자유당 정권이 막을 내리고 1960년 헌법 개정에 따라 제2공화국이 출범하게 되었다. 장기집권에 대한 반성을 토대로 우리 헌정 사상 처음으로 의원내각제를 채택하게 되었다. 새로운 헌법에 따라 국회에서 간접선거를 통해 선출된 윤보선 대통령은 그해 8월 13일 국회의사당(지금 서울시의회 건물) 양원 합동회의에서 취임식을 갖게 되었다. 의원내각제의 대통령이었기 때문에 취임식도 간소하게 치러졌다. 특히 대통령의 취임사는 '인사말씀'이라는 형식으로 진행되었다. 행정수반이 아니라 국가원수로서의 역할에 한정되어 있었던 대통령의 위상을 볼 수 있는 대목이다. 취임사의 분량도 이전 이승만 대통령에 비

하면 3분 1 수준에 불과할 정도로 매우 짧은 연설이었다. 윤 대통령은 감사의 인사에 이어 제2공화국 정부가 해야 할 일들에 대한 주문을 주요 메시지로 담았다. '내가 하겠다.'는 것이 아니라 '정부가 해야 한다.'는 형식으로 전달했다.

특이한 것은 경제제일주의를 강조하고 있다는 것이다. 4·19혁명으로 이룩한 정치적 자유가 경제적 자유를 통해 뿌리내려야 한다고 강조했다. '경제적 자유에 뿌리를 박지 않는 정치적 자유는 마치 꽃병에 꽂힌 꽃과 같이 곧 시들어 지는 것.'이라고 역설했다. 다음 메시지는 외교정책의 혁신을 담고 있다. 그리고 '간단한 인사말씀으로 대신한다.'면서 취임사를 마쳤다.

제2공화국의 초대대통령으로 영예의 당선을 얻은 어제 나의 감격은 선서식을 거행하는 오늘에는 영광된 의무감과 무거운 책임감으로 변해 졌습니다. 비록 엄숙 해야 할 식전 이기는 하나 감격과 책임감이 교차되는 이 순간에 있어 벅차 오르는 소회의 일단을 간단히 말씀 드리려는 것을 허물치 마시기를 바라는 바입니다.

첫째, 나같이 부덕하고 무능한 사람을 제2공화국의 대통령으로 뽑아주신 국회의원제위에게 송구하면서도 감사하다는 말씀을 아울러 올리는 바입니다.

둘째, 내가 사랑하여마지않는 국민제위에게 방금 정중하게 선서한 바와 같이 국민의 복리를 위해서는 내 신명을 걸기로 했거니와 이제부터는 국민을 위한 정부라기보다도 진실로 국민의 정부이오니 현명하신 국민의 건설적인 비판과 적극적인 협조가 없이는 오늘의 난국을 타개할 도리가 없는가 합니다. 오늘날 정치의 책임이 행정자에게만 있는 것이 아니라 피치자인 국민에게도 분담되었다는 것을 재확인해 주기를 바라는 바입니다.

세째, 앞으로 구성되는 정부는 적극적이고 강력한 정책수행을 하여야만 하겠읍니다. 그러기 위하여는 당파를 초월해서라도 먼저 적재적소의 인물 본위로 내각의 자세를 갖추고 슬기로운 지혜와 향기로운 인화로서 혼연일체의 행정의 미를 거두어야겠읍니다. 거룩한 사월혁명이 한개 정당의 집권의 전리품이 아니요 대다수 국민의 민권탈환의 금자탑이요 빈곤해방의 기점이라 할진대 오고 가는 집권보다도 하나도 둘도 그리고 셋도 있을 수도 있고 없을 수도 있는 정당이나 단체보다도 오직 하나밖에 다시 없는 국민과 영원히 존재해야 하는 국가를 위해서는 모두를 다바치는 것이 젊은 학도들이 흘린 고귀한 피의 값을 보상하는 길인가 합니다.

사월혁명으로부터 정치적자유의유산을 물려받은 제2공화국 정부는 이제는 국민이 다먹고 살 수 있는 경제적 자유를 마련하지 않으면 안되겠읍니다. 경제적 자유에 뿌리를 박지 않는 정치적 자유는 마치 꽃병에 꽂힌 꽃과 같이 곧 시들어 지는 것입니다. 피를 무서워 했던 독재는 정녕코 물러났기에 오늘 우리의 정치활동은 자유로왔읍니다. 그러나 독재에 따라 다니던 경제부패는 아직도 그대로 남아 있어 이 소탕작업은 그 여정이 요원하고 험준한데다가 이제는 탕진 될 대로 탕진 된 나라 살림살이가 누란의 위기에 봉착하고 있읍니다. 이 경제적 위기를 극복하지 못하는 날에는 한낱 내각의 수명만이 아니라 국가의 운명이 또한 여기 달려 있다 하겠읍니다. 정부의 시책은 무엇보다도 경제 제일주의로 나가야겠고 현명한 국민에게는 내핍과 절제 그리고 창의와 노력이 요청 되는 바입니다. 행정부는 독재가 뿌렸던 반민주성과 부패요소를 조속히 제거하고 민주주의 원칙 밑에서 과감한 혁신행정을 수행해야 하겠읍니다.

민주유산이 별로 없는 후진국인 우리나라에서는 지키는 것 보다는 새로운 것을 만들어내는 적극적이고 창의적인 행정을 하여 좋은 전통과 역사를 이룩 하여야겠읍니다. 그리고 정권의 잉여 가치를 감소시켜 정권 만능주의를 근절 해야겠읍니다.

다음에는 외교정책을 혁신 해야겠읍니다. 자유진영의 두통거리라는 낙인까지 찍힌 이 정권 외교는 무정견·무정책의 연속이었고 마침내 세계우방으로부터 고아 취급을 받아왔던 것은 가슴 아팠던 사실이었읍니다. 지리적 조건으로 말미암아 역사적으로 보아 항상 주변 강대국사이의 세력 관계에 따라 국가 운명이 좌우되기 마련인 처지에다 설상가상격으로 국내정치의 불안정으로 인하여 힘의 진공 상태를 빚어낸 까닭에 대외 관계에 있어서의 올바른 한국의 자세는 우리 자신을 위해서 만이 아니라 동북아 국제평화에도 중대한 영향을 주었던 것을 새삼스럽게 말 할 필요도 없거니와 국민 경제에 직결되는 외교행정면에까지 이승만전대통령의 개인적인 특징을 발휘하여 국가적 손실을 초래했을 뿐만 아니라 결국은 그 독재적 정책을 합리화하고 국내의 불평불만을 외우로 돌려 국내의 정치적위기를 모면하는 낡은 방법만을 사용하였던 기만적 외교를 일관하였읍니다. 외교란 원래 협상과 거래를 사명으로 하여 어디까지나 한국가의 실질적 이익을 중심으로 타국과의 대립되는 이익을 평화적인 수단으로 조정하는 것이어야 합니다. 그것이 오늘날의 민주주의적인 외교라 하겠읍니다. 우리는 새로운 외교 정책과 새로운 외교체제를 갖추어 새로운 외교 활동을 재출발 하여야겠읍니다.

이외에도 드리고 싶은 말씀 너무도 많습니다. 오늘은 간단히 인사 말씀으로 대신 하겠읍니다.

1960년 8월 13일
(대통령기록관 대통령기록연구실)

5대 박정희 대통령 취임사

1963년 12월 17일 중앙청 광장에서 5대 박정희 대통령의 취임식이 치러졌다. 5·16 이후 군정을 마감하고 헌법 개정에 따라 국민의 직접 선거를 통해 박정희 후보가

당선되었다. 순수 대통령제인 제3공화국이 출범하게 된 것이다. 이 날 취임사에서 박 대통령은 자주와 자립, 조국의 근대화, 경제개발 5개년계획을 강조하면서 경제발전에 대한 의지를 표명한다. 연설의 인사 부분에서 일제강점과 6·25전쟁 등 반세기의 고된 역정을 회상하고 있다. 이어 '일대혁신운동'을 첫 번째 메시지로 담고 있다. 정치적 자주와 경제적 자립, 사회적 융화안정을 목표로 내세우고 이를 위한 개개인 정신혁명을 전개할 것을 호소했다. 다음으로 민주주의에 대한 의지와 조국의 근대화 추진과 함께 민족의 단합을 강조했다. 이어 북한 일천만 동포에 대한 당부와 더불어 세계 자유애호 인민들과의 유대를 공고히 하겠다고 밝혔다.

또한 취임사에서는 경제개발계획 등에 대한 내용은 '경제문제를 비롯한 난국타개의 숙제는 이미 공약을 통해 자청한 바 있으며…'로 대신하고 구체적으로 언급하지는 않았다.

(단군성조가 천혜의 이 강토 위에 국기를 닦으신 지 반만년, 연면히 이어온 역사와 전통위에, 이제 새 공화국을 바로 세우면서, 나는 국헌을 준수하고 나의 신명을 조국과 민족 앞에 바칠 것을 맹서하면서, 겨레가 쌓은 이 성단에 서게 되었습니다. - 대통령 선서 부분)

나의 사랑하는 삼천만동포들이여!

나는 오늘 영예로운 제3공화국의 대통령에 취임하면서 이 중대한 시기에 나를 대통령으로 선출해 주신 국민 여러분에게 감사드리며,

보람 있는 이 날의 조국을 보전하기에 생명을 바치신 순국선열과 공산침략에서 나라를 지켜온 충용스러운 전몰장병, 그리고 독재에 항거하여 민주주의를 수호한 영웅적인 4월혁명의 영령앞에 나의 이 모든 영광을 돌리고자 합니다.

한편 나는 국내외로 매우 중요한 이 시기에 대통령의 중책을 맡게 됨에, 그 사명과 책무가 한이 무거움을 깊이 통감하고, 자주와 자립과 번영의 내일로 향하는 민족의 우렁찬 전진의 대오 앞에 겨레의 충성스러운 공복이 될 것을 굳게 다짐하는 바입니다.

아세아의 동녘에 금수강산이라 불리우는 한반도에, 선조의 거룩한 창국의 뜻을 받아, 찬란한 문화로 자라난 배달의 겨레가 오천년의 역사를 지켜온 이땅이 우리들의 조국입니다. 한 핏줄기 이 민족의 가슴속에 붉은 피 용솟음치는 분발의 고동과 약진의 맥박은 결코 멈추지는 않았던 것입니다. 반세기의 고된 역정은 밟았으되, 일본제국주의에 항쟁한 3,1독립정신은 조국의 광복을 쟁취하였고, 투철한 반공의식은 6,25 동란에서 공산침략을 분쇄하여 강토를 보위하였으며, 열화같은 민주적 신념은 4월혁명에서 독재를 물리쳐, 민주주의를 수호하였고, 이어 5월혁명으로 부패와 부정을 배격함으로써 민족정기를 되찾아, 오늘 여기에 우람한 새 공화국을 건설하기에 이른 것입니다.

그러나 오늘 우리가 당면한 현실은, 결코 목적지 도달의 안도가 아니며, 준험한 노정에의 새 출발인 것입니다. 4월 혁명으로부터 비롯되어 5월 혁명을 거쳐 발전된 1960년대 우리 세대의 한국이 겪어야만 할 역사적 필연의 과제는 정치·경제·사회·문화 모든 분야에 걸쳐 조국의 근대화를 촉성하는 것이며, 이를 위여 우리는 조성된 계기를 일실함이 없이 성공적으로 이 과업을 성취시 키는 데 범국민적인 노력이 있어야 할 것입니다.

이제 여기에 3, 1정신을 받들어 4, 19와 5, 16의 혁명이념을 계승하고 당위적으로 제기된 바 민족적인 제과제를 수행할 것을 목표로 나는 오늘 이 뜻깊은 자리를 빌어, 일대혁신운동을 제창하는 바이며, 아울러 이에 범국민적 혁명대열에의 적극적 호응과 열성적인 참여있기를 호소하는 바입니다.

인간사회에는 피땀 어린 노력의 지불 없는 진보와 번영이란 존재하지 않는 것입니다.

격동하는 시대, 전환의 시점에 서서, 치욕과 후진의 굴레를 벗어나기 위 오늘의 세대에 생존하는 우리들의, 생명을 건 희생적 노력을 다하지 않는 한, 내 조국, 내 민족의 역사를 뒤덮은 퇴영의 먹구름은 영원히 걷히지 않을 것입니다. 정치적 자주와 경제적 자립, 사회적 융화 안정을 목표로 대혁신운동을 추진함에 있어서 우리는 먼저 개개인 정신적 혁명을 전개하여야 하겠습니다.

국민은 한 개인으로부터 자주적 주체의식을 함양하며, 자신의 운명을 스스로 개척한다는 자립, 자조의 정신을 확고히 하고, 이 땅에 민주와 번영, 복지사회를 건설하기에 민족적 주체성과 국민의 자발적 적극참여의 의식, 그리고 강인한 노력의 정신적 자세를 바로잡아야 하겠읍니다. 불의와의 타협을 배격하며, 부정부패의 소인을 국민 스스로가 절개청산해야 하겠읍니다.

탁월한 지도자의 정치적 역량이나, 그의 유능한 정부라 할지라도 국민대중의 전진적 의욕과 건설적 협조 없이는 국가사회의 안정도 진보도 기대할 수 없는 것입니다. 오늘의 시점에서 우리들의 최대의 적은 선거과정에서의 상대정적이나 대립정당도 아니며, 바로 비협조와 파쟁으로 인한 정치적 사회적 불안정 그 자체인 것입니다.

나는 여기에 대혁신운동의 정치적 목표의 일환으로 정치적 정화운동을 통한 새로운 차원의 정치활동양상을 시현하고 국가공동목적을 위한 협조의 전통을 세워 나가고자 합니다. 우리는 오늘 여기서 중단도 후퇴도 지체의 여유도 없읍니다. 방관과 안일, 요행과 기적을 바라며, 공론과 파쟁으로 끝끝내 국가를 쇠잔케 한 곤욕의 과거를 되풀이 할 수는 없는 것입니다. 민주주의 정치제도 운용의 역사가 얕다거나, 시행착오라고 하기에는 너무나 막중한 부담과 희생을 지불한 우리들이기에, 여기에 또다시 강력정치를 빙자한 독재의 등장도, 민주주의 를 도용한 무능, 부패의 재현도 단연 용납될 수 없는 것입니다. 여하한 이유로서도 성서를 읽는다는 명목아래 촛불을 훔치는 행위가 정당화될 수는 없는 것입니다.

새 공화국의 대통령으로서 나는 국민 앞에 군림하여, 지배하려 함이 아니요, 겨레의 충복으로 봉사하려는 것입니다. 시달리고 피곤에 지쳐가는 동포를 일깨워 용기를 돋우며, 정의깊은 대중의 벗으로 격려와 의논과 설득으로 분열과 낙오없는 대오의 향도가 되려는 것입니다. 그리하여 국민이 지워준 멍에를 성실히 메고 이끌어, 고난의 가시밭을 헤쳐 새 공화국의 진로를 개척해 나갈 것입니다. 오늘날의 민주주의는 선거에서 패배한 소수자의 의견을 존중하고 또 그를 보호하는 데 더욱 의의가 있는 것입니다.

선거에서 승리한 집권당이 평면적 종다수의결방식을 근거로 만능, 우월의식에서 독선과 횡포를 자행하며, 소수의 의사를 유린할 때, 이 나라 민주주의 전도에는 또 다른 비극의 씨가 배태될 것입니다. 또 일방진부한 관록이나 허망한 권위의식에서, 대국을 망각한 소아병적 도발로 정쟁을 벌리고, 정국을 어지럽히며, 사회를 혼란시킨다면, 이 나라는 또 다시 역사의 뒤로 후퇴하는 슬픈 결말을 초래할 수밖에 없을 것입니다.

자제와 책임을 수반하는 민주적 정치질서를 확립해 가면서, 대중의 이익에 벗어나는 시책이나, 투명치 못한 정치적 처사에 대하여는 정당한 비판과 당당히 반대할 수 있는 자유가 최대한 보장되어야 할 것입니다.

그리하여 본인과 새 정부는 정치적 행동양식에 있어서, 보다 높은 윤리규범을 정립하여, 극렬한 증악감과 극단적 대립의식을 불식하고, 여야의 협조를 통해 의정의 질서와 헌정의 상궤를 바로잡을 것이며, 유혈보복으로 점철된 역사적 악유산을 청산하고, 평화적 정권교체를 위한 복수정당의 발자한 경쟁과 신사적 정책대결의 정치풍토조성에 선도적 역할을 다할 것입니다.

이 세기의 초로부터 시작된 험난한 역정과 살벌한 시류, 일제에의 병탄과 40년의 식민지통치, 종전과 더불어 밀려온 퇴폐한 외래풍조의 급격한 침윤, 6·25전란과 혼돈, 궁핍속에 두 차례의 혁명, 이 오욕된 반세기는 이 나라 사회의 전통적 미풍과 양속을 짓밟아 도의는 타락되고, 사상분열과 정치적 대립 그리고 사치와 낭비, 허영과 안일, 반목과 질시속에 사회는 만성적으로 불안하며 민심은 각박해지기만 했읍니다. 이에 대혁신운동은 대중사회의 저변으로부터 사회적 청조운동의 새 물결을 이끌어 들여, 이 모든 오염과 악풍을 세척하고, 선대가 평화속에 이루었던 전원적 향토를 되찾아 선린과 융화의 새 사회 건설을 촉진시킬 것입니다. 그리하여 신의와「건전한 상식」이 지배하며, 노력과 대가가 상등하는 형평의 사회, 성실한 근로만이 영예롭게 살 수 있는 사회를 이룩할 것입니다.

민주정치는 몇 사람의 지도자나, 특수계층의 교양에 의해 가능한 것이 아니라, 개인의 자각과 책임, 그리고 상호의 타협과 관용을 통한 사회적 안정속에서 이루어지는 것입니다.

국민은 질서속에 살며, 정부로부터의 시혜를 기대하기에 앞서, 스스로의 의무를 다하며, 때늦은 후회이전에 현명하고 용감하게 권리의 자위를 도모하기에 힘써야 하겠읍니다. 또한 대국적 안목과 이성적 통찰로서「초가삼간의 소실」을 초래하는 우를 범하는 일이 없어야 하겠읍니다.

질서와 번영있는 사회에 영광된 새 공화국 건설의 기치를 높이 들고, 다시는 퇴영과 빈곤이 없는 내일의 조국을 기약하면서, 나는 오늘 사랑하는 동포앞에 다시한번「민족의 단합」을 호소하는 바입니다. 지금 우리는 조국의 근대화라는 막중한 과업을 앞에 두고, 불화와 정쟁과 분열로 정체와 쇠잔을 되풀이 할 것인가, 아니면 친화와 협조와 단합으로 민족적인 공동의 광장에서 새로 대오를 정비할 것인가의 기로에 선 것입니다. 또한 한 핏줄기의 겨레, 우리는 이미 운명을 함께 한「같은 배」에 탄 것입니다. 파쟁과 혼란으로 표류와 난파를 초래하는 것도, 협조와 용기로써 희망의 피안에 닻을 내리는 것도 오로지 우리들 스스로의 결의에 달려 있는 것입니다.

동포 여러분의 현명한 결단과 용맹을 촉구하는 바입니다.

친애하는 애국동포 여러분!

오늘 역사적인 새 공화국 탄생의 성전에 임해, 이날의 환희를 함께 하지 못하며, 자칫 우리의 뇌리에서 소원해 가기 쉬운 북한 일천만동포의 노예상태에 대해, 이땅에서 자유를 향유하는 우리들의 경각을 높이고자 합니다.

본인과 새 정부는, 안으로는 조속히 견실한 경제·사회적 토대를 이룩하고, 현군사력의 유지와 발전을 포함한 단합된 민족의 힘을 결속할 것이며, 밖으로는 유·엔과 자유우방, 그리고 전세계 자유애호 인민들과의 유대를 공고히 하여 여하한 상황과 조건하에서도 공산주의에 대항, 승리할 수 있는 민주적 역량과 민족진영의 내실을 기하여 우리의 숙원인 민족통일의 길로 매진할 것입니다.

나는 이 자리에서 우리가 당면한 현실적인 제문제를 일일이 논급하지는 않겠읍니다.

그러나 경제문제를 비롯한 난국타개의 숙제는, 이미 공약을 통해 자청한 바 있으며, 신정부 는 이를 위하여 능률적 태세로서 문제해결에 임할 것입니다. 시급한 민생문제의 해결, 그리고 민족자립의 지표가 될 경제개발5개년계획의 합리적추진 은 중대한 국가적 과제로서 여야협조와 정부, 국민간의 일치단합된 노력으로서 그 성과를 기대할 수 있을 것입니다. 우리는 우리가 세운 목표를 향하여 인내와 자중으로 성실하고 근면하게 살아 나가는 근로정신의 소박한 생활인으로 돌아가, 항상 성급한 기대의 후면에는 허무한 낙망이 상접함을 명심하고, 착실한 성장을 꾀하는 경제국민이 되어야 하겠읍니다.

이제 여기에 우람한 새 공화국의 아침은 밝았읍니다. 침체와 우울, 혼돈과 방황에서 우리 모든 국민은 결연히 벗어나,「생각하는 국민」「일하는 국민」「협조하는 국민」으로 재기합시다. 새로운 정신, 새로운 자세로서 희망에 찬 우리의 새 역사를 창조해 나갑시다. 끝으로 하나님의 가호속에 탄생되는 새 공화국의 전도에 영광있기를 빌며, 이 식전에 참석 하신 우방친우들에게 감사의 뜻을 표함과 아울러 동포 여러분의 건투와 행운있기를 축원하는 바입니다.

감사합니다.

1963년 12월 17일
(대통령기록관 대통령기록연구실)

6대 박정희 대통령 취임사

국민의 직접선거로 재선에 성공한 박정희 대통령은 1967년 7월 1일 제6대 대통령에 취임했다. 이날 박 대통령의 취임사는 형식과 메시지 구성에서 현대적 의미의 연설문의 형태를 갖추고 있다고 할 수 있다. 우선 '친애하는 국내외동포여러분' '친애하는 국민여러분'이라는 호칭을 처음 사용하고 있다. 이승만 대통령과 윤보선 대통령은 이런 형식을 취하지 않았으며 박 대통령도 5대 취임사에서는 '사랑하는 삼천만 동포들이여' '친애하는 애국동포여러분'으로 사용했다. 메시지 구성은 1차 경제개발5개년의 성공에 대한 자신감을 바탕으로 지난 4년의 성과를 서두에 담고 있다. 이러한 자신감은 '우리는 아시아에 새 물결을 일으키고 있다.' '정치적 독립과 경제적 자립을 성공적으로 달성하는 본보기를 보이는 일.' 등에서 잘 나타나 있다. 이어 빛나는 공업국가를 만들겠다는 경제개발 추진, 민주주의에 대한 신념, 빈곤과 부정·부패 척결을 중심 메시지로 구성했다. 그리고 통일에 대한 의지를 마무리로 담고 있다. 제2차 경제개발5개년계획 추진에 대한 강력한 의지가 취임사 연설의 전체를 관통하고 있다고 볼 수 있다.

(단군성조가 천혜의 이 강토에 국기를 닦으신지 반만년, 연면히 이어온 역사와 전통위에 이제 대한민국 제 6대 대통령으로 취임하면서, 나는 국헌을 준수하고, 나의 신명을 조국과 민족 앞에 바칠 것을 맹세하며, 겨레가 쌓은 이 성단에 서게 되었습니다. - 취임선서 부분)

나는 나의 이번 임기에 속하는 앞으로의 4년간이 이 나라의 자주와 자립과 번영이 안착하는 대망의 70년대를 향한 중대한 시기임을 깊이 명심하고, 책임이 한없이 무거움을 통감하며, 일하는 대통령으로서 조국근대화작업에 앞장서서, 충성스럽게 나라와 겨레를 위해 봉사할 것을 굳게 다짐하는 바입니다.

친애하는 국내외동포여러분!

우리 대한민국은 탄생한지 얼마 안 되는 신흥국가입니다. 그러나 우리의 역사는 수없이 많았던 외세의 침략을 전 국민적인 항쟁으로 격퇴한 억센 민족이며, 인내와 끈기로 고난을 이겨낸 생명력과 창조력을 지닌 민족임을 말해주고 있읍니다. 백년전의 쇄국과 고립이 백년의 고난과 정체를 가져오기는 하였읍니다만, 이제 한국은 그 새로운 민족사를 개척하고, 아시아에서 뿐만 아니라, 세계에 있어서 중요한 공헌을 할 시기가 다가왔다고 생각합니다.

오늘날 우리는 아시아에 있어서 새 물결을 일으키고 있읍니다. 그것은 신생국이 예속과 정체를 박차고, 정치적 독립과 경제적 자립을 성공적으로 달성하는 본보기를 보이는 일이며, 민주주의가 공산주의보다 더욱 능률적인 경제발전을 이룩할 수 있다는 사실을 보이는 일이며, 동서와 남북의 대립속에서 그 중압과 견제를 지양하고, 자유·평화·번영·통일을 이룩하는 일이며, 한마디로 자립에 눈뜬 한 민족의 각성은 진실로 큰 힘을 발휘하는 것이라는 위대한 실증을 성공시키는 일입니다.

우리는 이 위대한 실증을 70년대의 세계에 증언하기 위하여 모든 준비를 다하고 있읍니다. 하루속히 조국의 근대화를 완수하고, 자주·자립의 통일조국을 창건하는 역사적 대업을 착실하게 진행시키고 있읍니다. 나는 우리의 대도시에서부터 벽촌·낙도에 이르기까지, 민족중흥의 양광이 정체와 의타의 검은 안개를 무찌르고 서서히 퍼져나가, 자력전진에 의한 번영, 이른바 창조적인 자조의식이 움텄음을 응시하는 바입니다.

친애하는 동포 여러분!

오늘로 시작되는 국정의 새 출발을 위해서 우리는 먼저 냉철한 이성과 슬기로운 자각으로 돌아가, 과열된 6·8선거로 빚어진 정쟁분위기를 냉각시키고, 사리와 당리를 초월한 국가의 대의와 국리민복의 증진을 생각해야 하겠읍니다. 우리는 민족사상 참으로 획기적인 역사적 과업에 이미 착수했읍니다. 균형있는 경제성장으로 아시아에 빛나는 공업국가를 만들기 위하여 우리는 위대한 전진을 하고 있는 것입니다. 이 좋은 기회를 놓치는 일이 있어서는 안되겠습니다.

우리는 현재 진행중인 제2차 5개년계획을 추진하는데 온 국민의 공도의 노력을 집중해야 하겠읍니다. 정국의 안정은 경제발전의 대전제입니다. 6·8총선거가 유감스럽게도 입후보자들의 과열된 경합으로 그 분위기가 혼탁하게 되었고, 또 일부지역에서 일어난 선거의 부정은 급기야 6·8총선전체를 불명예스러운 것으로 인상주고 말았으니, 이것은 실로 우리 민주시민의 큰 실망이라 아니할 수 없습니다.

6·8선거가 주고 간 오늘의 실망의 여건속에서, 우리가 찾아 나가야 할 길은 자포와 자기와 자학의 길이 아니라, 새로운 자신의 가능성을 찾아 내는 냉정과 지혜와 금도의 길인 것입니다. 법을 어긴 자에게는 법으로 다스리고, 민주주의과정에서 일어난 과오는 민주주의방

식에 의하여 시정함이 민주사회에 있어서 최선의 방책임을 우리는 명심해야 하겠습니다.

국민 여러분!

참신한 정치풍토의 조성과 평화적 정권교체는 민주주의를 하겠다는 우리 온 국민의 한결같은 염원이 아니겠읍니까? 이것은 또한 나의 변함없는 정치적 소신인 것입니다. 우리는 우리의 민주주의과정에 다소의 오점이 찍혔다고 해서, 민주주의를 하겠다는 우리의 노력과 신념에 변동을 가져와서는 안될 것입니다.

우리가 성급한 나머지 과오의 시정을 변칙수단에 호소한다면, 그것은 오히려 평화적 정권교체라는 우리의 염원달성을 더욱 멀리하고야 마는 결과가 될 것입니다. 우리는 시련에 부딪칠수록 더욱 확고히 민주주의에 대한 신념을 가지고, 냉철한 이성과 지혜로써 민주주의원칙을 신봉해 나가는 인내와 용기가 있어야 할 것입니다.

친애하는 국민 여러분!

나의 소원은 이땅에서 가난을 몰아내고 통일조국을 건설하는 것입니다. 우리가 바라는 사회는 소박하고, 근면하고, 정직하고, 성실한 서민사회가 바탕이 된 자주독립의 민주사회입니다. 우리의 적은 빈곤과 부정·부패와 공산주의입니다. 나는 이것을 우리의 삼대공적으로 생각합니다.

　빈곤은 생존을 부정할 뿐 아니라, 인간의 천부적인 개성을 억압하고, 정직과 성실과 창조력을 말살하는 것이며, 부정·부패는 인간의 양심과 친화력을 마비 저해하는 것이며, 공산주의는 우리의 자유와 인권과 양심을 파괴하는 것입니다.

　정녕 이 삼대공적이야말로 우리 민족의 중흥을 위한 투쟁에 있어서, 근본적으로 배격해야 할 공적이라고 아니할 수 없읍니다. 정직하고, 근면하고, 소박하고, 성실한 국민대중이 국가의 중추가 되고, 빈곤과 부패를 추방한 복지사회의 건설이라는 우리의 목표달성을 위해서, 나는 우리들이 보다 더 근로와 실무에 밝고 충실하며, 우리 주변의 사소한 구석구석을 눈여겨 개선하고, 사회생활의 윤리와 질서를 존중할 것을 희구합니다. 남을 헐뜯기 전에 자신을 돌아보고, 자기의 주장만을 옳다기 전에 주위를 두루 살피는 여유와 긍지를 가지기를 희구합니다. 그리하여 법과 질서와 슬기와 이치가 지배하는 사회가 되기를 희구합니다.

　친애하는 동포 여러분!

　나는 이러한 정의의 복지사회가 지금 우리가 추진하고 있는 공업입국의 대도를 통하여 이루어질 수 있고, 또 공업입국은 이러한 사회를 건설하는데 그 주안이 있음을 확신하는 바입니다. 경제건설없이는 빈곤의 추방이란 없을 뿐 아니라, 경제건설없이는 부정·부패의 온상이 되는 실업과 무직을 추방할 수 없기 때문이며, 또 그것 없이는 공산주의에 대한 승리, 즉 자유의 힘이 넘쳐흘러 북한의 동포를 해방하고 통일을 이룩할 수 없는 것입니다.

공업입국에 관해서는 제2차 5개년계획을 골간으로 농공병진정책과 대국토건설계획을 국민앞에 공약으로 제시하고 이미 진행과정에 있읍니다만, 여기서 한가지 분명히 해둘 것은 경제개발의 지렛대가 되는 것은 진정 농업생산력의 증대에 있다는 나의 신념인 것입니다. 우리가 추진하는 조국의 근대화나 공업입국은 소위 비체계적인 공업편중방식이 아니라는 것입니다.

우리의 근대화는 합리적이고 균형있는 산업구조·국토구조·소득구조의 형성을 목표로 전근대적인 제반구조를 개혁해 나가자는 것이요, 공업화와 중소기업을 농업생산의 터전위에서 발전시키는 삼위일체의 근대화작업을 하자는 것입니다.

친애하는 국민 여러분!

지금 우리나라에는 시급히 부식해야 할 전근대적 요소가 많으며, 극복해야 할 장애물도 허다합니다. 정치로부터 경제·문화 전반에 걸쳐 말끔히 씻어야 할 비합리적 요소가 허다할 뿐 아니라, 또 계속해서 새로운 과제가 그 해결을 촉구하고 있습니다.

그러나 난관극복의 길은 난관자체에 있는 것이 아니라, 바로 우리 자신들의 의지속에 있는 것입니다. 불굴의 의지와 용기로써 조국의 근대화를 향해 위대한 전진의 발걸음을 재촉해야 하겠읍니다. 그리하여 통일의 대업을 완수해야 하겠습니다.

우리는 기왕에도 몇차례 분단의 비극을 극복하고 통일하고야 말았던 영용한 민민의 피를 이어받고 있습니다. 그러한 조상을 가진 우리가 어찌 통일을 이룩하지 못하겠읍니까? 협력하고 단합합시다! 통일을 향한 전진의 대열에는 너와 내가 있을 수 없고, 다만 우리가 있을 뿐입니다.

끝으로 사랑하는 동포여러분의 영광과 행운을 빌고, 오늘 우리와 자리를 같이 하지 못하는 북한동포들에게 하느님의 은총있길 빌며, 멀리 우리를 찾아 이 식전에 참석하신 우방의 친우들에게 감사드리는 바입니다.

1967년 7월 1일
(대통령기록관 대통령기록연구실)

에필로그

관 속에 들어가서도
막말은 하지 마라

"관 속에 들어가서도 막말은 하지 마라."라는 속담이 있다. 우리는 신문과 방송을 통해 '막말 파문'이라는 기사를 수시로 보게 된다. 그 '막말' 때문에 많은 사람들이 곤욕을 치르고 때로는 '사과'를 넘어 법적인 처벌을 받게 되기도 한다. 이러한 막말로 인해 당사자뿐만 아니라 다른 사람들이 씻어낼 수 없는 마음의 상처를 입고 힘들어 하기도 한다. 막말의 사전적 의미는 "되는 대로 함부로 말하거나 속되게 말함."이다. 욕설이나 폭언이라고 보면 쉽게 이해할 수 있다. 이런 말을 하지 말아야 한다는 것은 지극히 상식적인 일이다. 하지만 우리는 일상생활에서 이러한 막말을 너무 쉽게 듣고 너무 쉽게 하는 것 같다.

어쩌면 '막말'은 '마지막 말'이라는 의미를 갖고 있을지 모른다. 막말을 마지막 말이라고 한다면 의미가 상당히 달라질 것이다. 마지막이 될 말을 함부로 할 수 있겠는가? 어르신들은 부부싸움을 하더라도 마지막 말을 해서는 안 된다고 한다. "이혼하자. 헤어지자. 이제 끝이다." 등등의 말은 절대 삼가야 한다는 것이다. 직장에서도 이러한 예는 종종 보게 된다. "이렇게 하려면 그만두라. 차라리 사표를 내라."는 말까지 오갈 때가 있다. 직장인들에게 사표辭表는 사표死表나 다름없으니 그 또한 마지막 말일 것이다.

그냥 '홧김'에 하는 말일 수 있겠지만, 결코 바람직하지 않다. 말은 습관이다. 함부로 말하는 습관은 아주 나쁜 습관이다. 우리 주위에서 평판이 좋은 사람들을 보면 대부분 좋은 언어습관을 가지고 있음을 알 수 있다. 그렇기 때문에 막말은 관 속에 들어갈 때까지가 아니라 관 속에 들어가서도 하지 마라는 것이다.

글 또한 마찬가지다. 한번 쓴 글은 지울 수 없기 때문이다. 2014년 5월 유럽사법재판소는 이용자들이 구글에 대해 시효가 지나고 부적절한 검색결과를 삭제해달라고 요구할 권리가 있다고 판결했다. 이용자들은 자신이 남긴 개인정보를 삭제할 수 있는 잊혀질 권리Right to be Forgotten를 가지고 있다는 의미라고 할 수 있다. 잊혀질 권리는 자신이 쓴 글에 대한 '지워질 권리'라고 할 수 있다. 한번 뱉은 말은 주워 담을 수 없다고 한다. 그래도 글에 비하면 말은 나은 편이라고 할 수 있다. 어느 정도의 시간이 지나면 잊어버리는 '망각'이라는 최소한의 장치를 가지고 있기 때문이다.

하지만 글에는 이러한 '망각'의 장치마저 없다. 특히 외부로 나간 글은 이미 자신의 통제에서 벗어나게 되어 있다. 지금처럼 메일과 문자와 메신저가 일상화되어 있는 상황에서는 더더욱 그렇다. 이러한 글들은 또한 공사 간의 구별이 잘되지 않는다. 지극히 사적인 글이라고 생각했지만 지나고 보면 공적인 글이 되는 경우도 종종 볼 수 있다. 사적으로 주고받은 글이 사회적 파문을 불러오게 되는 것이다. 글은 말보다 더 신중해야 한다.

출간후기

소통(疏通)이
만사형통(萬事亨通)을 부릅니다!

도서출판 행복에너지 대표이사,
대통령직속 지역발전위원회 문화복지 전문위원
권선복

하고자 하는 일이 뜻대로 잘되지 않는다면 분명 까닭이 있을 것입니다. 다양한 외부 요인들이 문제가 되기도 하지만 잘 살펴보면 결국 본인 스스로의 열정이나 노력이 부족한 경우가 대부분입니다. 특히 사회생활에서 가장 기본이라 할 수 있는 '소통'이 힘들어 고민하는 이들이 많습니다. 원활한 소통을 위해, 나아가 소통에 유능한 사람이 되기 위해 무엇을 어떻게 하면 좋을까요.

책 『통하는 말 통하는 글』은 공적인 자리, 상황에서 말과 글을 통해 상대방과 소통을 잘하는 법을 담고 있습니다. 풍부한 현장 경험과 다양한 사례를 바탕으로 좋은 말과 글이 무엇인지, 말과 글을 잘 하고 잘 쓰기 위한 노하우는 무엇인지를 담백한 필치로 그려내고 있습니다. 현재 국무총리실에서 연설비서관으로 재직 중인 김철휘 저자는 대통령, 국무총리와 같은 대한민국 최고 리더의 연설문을 직접 다뤄왔습니다. 전 국민이 청중이 되는, 소통의 정도正度와 정석定石이라 할 만한 연설문들이 이 책에서 다양한 예시로 등장할 수 있었던 까닭입니다. 말과 글 때문에 고민이 많은 요즘 사람들을 위해 자신의 열정과 노하우를 아낌없이 한 권의 책에 담아주신 저자에게 큰 박수를 보냅니다.

"말 한마디에 천 냥 빚도 갚는다."라고 했습니다. 그만큼 말만 잘 하고 글만 잘 써도 유능한 사람이 되기 마련입니다. 본인이 아무리 좋은 역량을 가졌더라도 그를 잘 표현하고 전달하지 못한다면 능력을 인정받지 못하기도 합니다. 모쪼록 이 책이 말과 글에 어려움을 겪는 이들에게 작은 용기가 되기를 바라오며, 모든 독자들의 삶이 만사형통하시고 행복에너지가 팡팡팡 샘솟으시길 기원드립니다.

직원이 행복한 회사
가재산 지음 | 336쪽 | 값 18,000원

『직원이 행복한 회사』는 '한국형 인사조직 연구회'에서 심도 있는 연구 끝에 선별한 '한국형韓國型 GWP' 현장 사례를 소개한다. 이 책에 소개된 기업들은 입사제도와 연봉과 복지, 경영과 기업문화 등에서 일반인들이 언뜻 생각하기 힘든 파격을 선보이며 사람 중심의 인본주의 경영을 몸소 실천하고 있다.

언덕을 넘으며 시대를 생각한다
정문수 지음 | 352쪽 | 15,000원

이 책은 한국사회의 지난 20년을 면면에서 살피고 그에 따른 성찰과 뒤따르는 시대에 대한 혜안을 담은 책이다. 저자인 인하대 '정문수' 교수는 참여정부 시절 청와대 경제보좌관 자리에 오르는 등 대한민국을 대표하는 경제인이자 법학자이다. 변혁을 거듭했던 최근의 대한민국을 한눈에 들여다보고 '우리 사회의 구성원 모두가 행복하게 잘 살기 위해 무엇이 필요한가'를 제시한다.

소리(전 8권)
정상래 지음 | 각 권 13,500원

쏟아져 나오는 책은 많지만 읽을거리가 없다고 탄식하는 독자들이 많다. 그렇다면 근대 한국사에 담긴 우리 한恨의 정서에 관심이 있다면, 대하소설의 참맛에 대해 잘 알고 있다면, 정말 제대로 된 작품을 읽어볼 요량이라면 이 소설은 독자를 위한 더할 나위 없는 선물이자 생을 관통할 화두가 되어 줄 것이다.

조영탁의 행복한 경영이야기 세트(전 10권)
조영탁 지음 | 각 권 15,000원

행복한 성공을 위한 7가지 가치, 그 모든 이야기를 담은 『조영탁의 행복한 경영이야기』 전집은 자신은 물론 타인의 삶까지 행복으로 이끄는 '행복 CEO'가 되는 길을 제시한다. 다양한 분야에서 칭송을 받아온 인물들의 저서에서 핵심 구절만을 선별하여 담았다. 저자는 이를 '촌철활인寸鐵活人(한 치의 혀로 사람을 살린다)'으로 재해석하여 현대인이 지향해야 할 삶의 태도와 마음에 꼭 새겨야 할 가치를 제시한다.

함께 보면 좋은 책들

두 다리는 두 명의 의사다
배근아·신광철 지음 | 252쪽 | 15,000원

『두 다리는 두 명의 의사다』는 신체의 건강을 인문학과 자기계발의 관점에서 바라본 독특한 건강관리서이다. 100세 시대, '다리 건강'이 사람들의 장수長壽를 어떻게 책임지는지 살펴본다. "신체는 통섭의 산물이다."라는 전제하에 다리 건강의 유지, 그 중요성과 방안을 함께 제시한다.

아파트 아는 만큼 내 집 된다
최성규 지음 | 260쪽 | 값 15,000원

『아파트, 아는 만큼 내 집 된다』는 현재 대구에서 범어역공인중개사 사무소를 운영 중인 저자가 밤낮 없이 발로 뛰며 얻은 아파트 분양 노하우와 부동산 정보를 아낌없이, 가감 없이 솔직하게 담아낸 책이다. 조금이라도 거짓된 정보가 섞일 것을 우려하여 사투리마저 고치지 않고 그대로 전하고 있다.

문화예술 리더를 꿈꿔라
이인권 지음 | 296쪽 | 값 15,000원

『문화예술 리더를 꿈꿔라』는 폭넓은 경험과 이론을 연마하여 글로벌 경쟁마인드를 체득한 이인권 한국소리문화의전당 대표의 '문화예술 경영서'이다. 공공 문화예술기관의 단일 최장 경영자로 대한민국 최초 공식기록을 인증받기도 한 저자의 모든 노하우가 담긴 만큼 이 책은 알찬 정보와 혜안으로 가득하다.

아빠와 딸
정광섭 지음 | 320쪽 | 값 15,000원

사랑의 부재가 당연시되는 시대. 각종 불화와 광기가 맞닥뜨려 이 시대엔 아픔도 그 절망의 목소리를 내지 못한다. 저자는 자신의 실화를 담담히 이야기하며 이 불변하는 시대를 극복하고자 그 대안으로서 아버지의 사랑, 즉 사랑의 이름으로 가장 존귀한 부모의 사랑을 내놓은 것이다.

'행복에너지'의 해피 대한민국 프로젝트!
〈모교 책 보내기 운동〉

대한민국의 뿌리, 대한민국의 미래 **청소년·청년**들에게 **책**을 보내주세요.

많은 학교의 도서관이 가난해지고 있습니다. 그만큼 많은 학생들의 마음 또한 가난해지고 있습니다. 학교 도서관에는 색이 바래고 찢어진 책들이 나뒹굽니다. 더럽고 먼지만 앉은 책을 과연 누가 읽고 싶어 할까요? 게임과 스마트폰에 중독된 초·중고생들. 입시의 문턱 앞에서 문제집에만 매달리는 고등학생들. 험난한 취업 준비에 책 읽을 시간조차 없는 대학생들. 아무런 꿈도 없이 정해진 길을 따라서만 가는 젊은이들이 과연 대한민국을 이끌 수 있을까요?

한 권의 책은 한 사람의 인생을 바꾸는 힘을 가지고 있습니다. 한 사람의 인생이 바뀌면 한 나라의 국운이 바뀝니다. **저희 행복에너지에서는 베스트셀러와 각종 기관에서 우수도서로 선정된 도서를 중심으로 〈모교 책 보내기 운동〉을 펼치고 있습니다.** 대한민국의 미래, 젊은이들에게 좋은 책을 보내주십시오. 독자 여러분의 자랑스러운 모교에 보내진 한 권의 책은 더 크게 성장할 대한민국의 발판이 될 것입니다.

도서출판 행복에너지를 성원해주시는 독자 여러분의 많은 관심과 참여 부탁드리겠습니다.

도서출판 **행복에너지** 임직원 일동